令和版

基礎から学ぶ

JN033234

筋力トレーニング

有賀誠司 著

東海大学健康学部　教授

ベースボール・マガジン社

はじめに

　筋力トレーニングは、一般人からトップアスリートまで、また、子どもからお年寄りまで、対象や年齢を問わず多くの人に実践されるようになり、その目的についても多様化の一途をたどっています。また、筋力トレーニングの新たな効果やメカニズムについての科学的な研究も進み、より効率的なトレーニング法が次々と提唱されるようになっています。

　1990年代中頃までは、スポーツ選手やコーチの中にも筋力トレーニングに否定的な意見を持つ人が多く存在し、子どもや高齢者が筋力トレーニングを行うことなど「もってのほか」という風潮があったことを考えると、ここ十数年間の筋力トレーニングを取り巻く状況の変化が、いかに急速であったかが実感されます。

　このような筋力トレーニングの進歩は喜ばしい限りですが、進歩が急速であるがゆえの問題点も浮上しています。具体的には、スポーツの競技力向上、生活習慣病の予防、子どもの体力向上、高齢者の介護予防や生活の質の向上など、さまざまな対象や目的に応じたプログラムや適切な実践方法が十分普及していないことや、テレビやインターネットなどのメディアから発信される情報が断片的であることが多く、現場でうまく活用されていないことなどがあげられます。

　これらの背景をふまえて、本書では、筋力トレーニングを効果的に行うために知っておきたい基礎的な知識と情報を精選して整理した上で、幅広い対象や目的に応じたプログラムの作成法や基本エクササイズの実施方法についてわかりやすくまとめ、筋力トレーニングの実践現場に役立つ「基本にこだわった」実用書を目指しました。筋力トレーニングをこれから始める初心者はもちろんのこと、経験者にとっても、これまでの知識を整理し、実践内容を確認するために活用していただけるものと思います。

　本書の具体的な特徴は次の通りです。

●特徴1
現場のニーズに対応した基本的で
実用的な知識を網羅

筋力トレーニングを効果的に実践するために理解しておきたい知識と情報を現場の視点から整理し、できるだけ専門用語を使わずに、わかりやすい言葉で解説しました。また、実践者から多く寄せられる質問や豆知識をコラムとして紹介しました。

●特徴2
対象と目的に応じた具体的な
プログラム例を多数紹介

トレーニングプログラムの基本的な作成方法について解説するとともに、一般の人からスポーツ選手まで、さまざまな対象と目的に応じた、すぐに使えるプログラム例を多く掲載しました。また、トレーニングのマンネリ化に悩んでいる経験者のために、長期にわたるプログラムの展開法やバリエーションについても紹介しました。

●特徴3
基本エクササイズの実技を
ビジュアル重視で徹底解説

基本的なエクササイズについては、複数の角度からの写真を用いて解説するとともに、動作のポイントや起こりやすい間違いについても、詳しく紹介しています。基本がきちんと理解できることにこだわり、レイアウトを工夫しました。

近年、筋力トレーニングの対象や目的はさらに広がり、普及は加速する傾向にあります。本書の改訂版の発行にあたっては、トレーニング理論の進歩にあわせて内容の更新を行うとともに、現場でニーズが高まっている実技種目を追加しました。また、体型改善（ボディメイク）を目的としたトレーニング、自宅で行えるトレーニングに関するプログラムや実技種目についても増補しています。

本書が、読者の皆さんの筋力トレーニングの実践に少しでもお役に立てることを願っております。

2020 年 10 月
有賀誠司

CONTENTS

目次

プログラム編

第3章 プログラム作成のための基本事項 … 49

第4章 **一般向けモデルプログラム** ···· 73

第1章 筋力トレーニングの実技 ……… 135

本書は2008年に発行された書籍『基礎から学ぶ! 筋力トレーニング』(小社刊)の内容に、経年によるスポーツ科学理論の進歩に応じた内容改訂を加え、増ページするとともに、全ページをリデザイン、カラー化したものです。

デザイン サンゴグラフ
イラスト 松下佳正
協　力 スィンクフィットネス社、㈱ニシ・スポーツ、東海大学
編　集 田中智沙

こんなに役立つ筋力トレーニング

筋力トレーニングの効果としては、

筋力アップや筋肉が太くなるといった効果が知られていますが、

これ以外にも日常生活やスポーツにおいて

さまざまな面で役立てることができます。

本章では、筋力トレーニングの多種多様な効果について紹介します。

1 筋力トレーニングとは

そもそも筋力トレーニングとは、どんなトレーニングなのでしょうか？ 筋力トレーニングの呼称や効果について整理しておきましょう。

1 どんなトレーニング？

筋力トレーニングというと、バーベルやダンベル、トレーニングマシンを使った運動がすぐに思い浮かぶと思います。その通り、筋力トレーニングとは、「負荷を用いて、からだの機能や形態の改善を図るトレーニング手段」を意味します。

ほとんどのスポーツや運動では、実施中に、からだに対してなんらかの負荷が加わります。

ウォーキングのような軽めの運動も広い意味では「負荷が加わる運動」に含まれますが、「筋力トレーニング」は、筋力やパワーを高める効果が期待できる「一定レベル以上の（比較的強めの）負荷」を用いた運動であることが特徴となっています。

筋力トレーニングには、さまざまな呼び

名があり、それぞれニュアンスが微妙に異なりますが、本書では、広く一般に用いられている「筋力トレーニング」の呼び名を使うこととします。筋力トレーニングに関する呼び名には、主として次のようなものがあります。

●筋力トレーニング:狭義では、「筋力を高めるトレーニング」を意味し、トレーニング目的を指す呼称として扱われ、国内ではもっとも普及している呼び名です。俗称として「筋トレ」といった言葉も広く使われています。

●ウエイトトレーニング:狭義では、「ウエイト（バーベルやダンベルのようなおもり）を使用したトレーニング」を意味します。古くからスポーツ選手の間でよく使われてき

表 1-1 **筋力トレーニングの定義**

筋力トレーニングとは
「一定レベル以上の負荷を用いて、からだの機能や形態の改善を図るトレーニング」

筋力トレーニングに関連する主な呼び名と意味

筋力トレーニング
狭義:筋力を高めるトレーニング（トレーニング目的を指す呼称）、俗称:「筋トレ」
類語:「筋肥大トレーニング」「パワートレーニング」など

ウエイトトレーニング
狭義:おもり（ウエイト）を用いたトレーニング（使用器具を指す呼称）
類語:「マシントレーニング」「ダンベルトレーニング」「チューブトレーニング」など

レジスタンストレーニング
負荷抵抗を用いたトレーニング全般を指す呼称
類語:「アシスティッドトレーニング（助力により負荷が軽減されたトレーニング）」

ました。

●レジスタンストレーニング:負荷抵抗を加えるトレーニング全般を意味します。負荷抵抗の手段としては、ウエイト(おもり)ばかりでなく、チューブや空気抵抗なども用いられるため、「ウエイトトレーニング」という名称ではカバーしきれないことから、このような名称が使われるようになったようです。

スポーツ科学の研究者の間では、このレジスタンストレーニングという呼び名が多く用いられています。

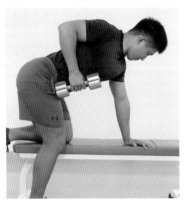
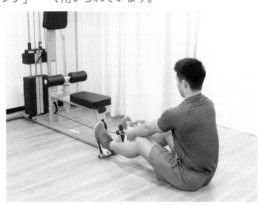

2 効果や目的は？

近年、筋力トレーニングは、一般人からトップアスリートまで、また、子どもからお年寄りまで、対象や年齢を問わず幅広く実践されるようになり、その目的についても、多様化の一途をたどっています。

筋力トレーニングを開始すると、以前よりも重いウエイトが挙げられるようになったり、反復回数が増えたり、筋肉が太くなったりといった効果が、数カ月程度の比較的短い期間内に現れます。このような効果のことを、筋力トレーニングの「一般的効果(または一次的効果)」と呼んでいます。

一方、筋力トレーニングを、実施者の特徴や目的に応じた方法で長期にわたって継続していくと、より個別性が高い、実用的な効果を得ることができます。例えば、スポーツ選手の場合には、ジャンプ力が向上する、ランニングスピードが速くなる、相手選手とぶつかり合うプレーで力負けしなくなるといった効果、一般人の場合には、体型や姿勢が改善する、生活習慣病の予防に役立つ、仕事で疲れにくくなる、といった効果が現れます。このような効果を、筋力トレーニングの「専門的効果(または二次的効果)」と呼んでいます。

筋力トレーニングの実施にあたっては、上述したような多様な効果があることを理解した上で、「自分は筋力トレーニングに

よってどんな効果を得たいのか?」といった目的を明確にしておくことが大切です。これによって、実施すべきトレーニングプログラムの内容が具体化するとともに、トレーニングに対するやる気も高まり、効果にもよい影響がもたらされます。

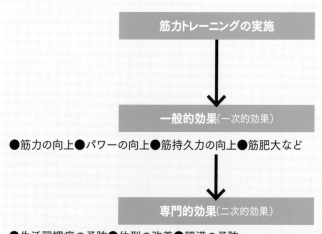

図 1-1 **筋力トレーニングの効果**

2 一般人にどう役立つか?

現在、筋力トレーニングは、若者からお年寄りまで、年齢を問わず積極的に行われるようになっています。どんな背景があるのでしょうか?

1 生活習慣病の予防 ●メタボ対策としての期待

1980年代頃まで、「筋力トレーニングは、スポーツ選手や愛好家の人たちが行うもの」というイメージが強く、一般人にとっては縁遠い存在でした。

しかし、1990年代以降、学術研究の進歩に伴い、筋力トレーニングの生活習慣病予防への効果が次々と明らかになるにつれて、筋力トレーニングは一転、一般人の健康づくりに役立つ運動として推奨されるようになりました。

筋力トレーニングの生活習慣病予防に対する効果としては、血中コレステロール値

の改善や、血糖値をコントロールする機能の改善、筋肉量の増大に伴うエネルギー消費量の増加などが知られており、メタボリックシンドロームの予防にも役立てることができます。

　また、筋力トレーニングによって筋力の向上を図ることは、ウォーキングやジョギングのような生活習慣病予防に役立つ有酸素性運動を行う際の負担を軽減し、運動の効率（経済性）を改善するためにも、有効であると考えられています。

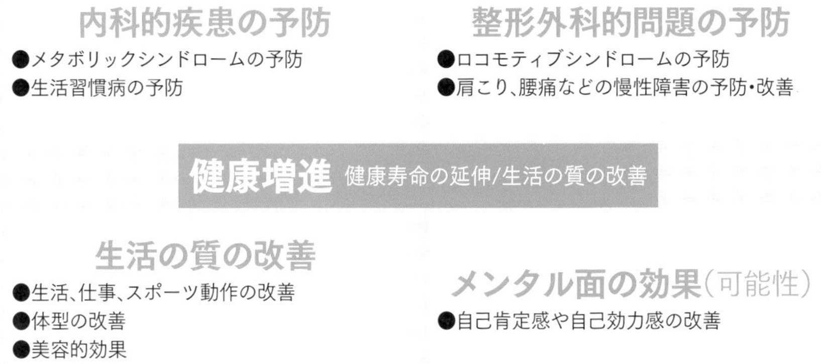

内科的疾患の予防
●メタボリックシンドロームの予防
●生活習慣病の予防

整形外科的問題の予防
●ロコモティブシンドロームの予防
●肩こり、腰痛などの慢性障害の予防・改善

健康増進　健康寿命の延伸/生活の質の改善

生活の質の改善
●生活、仕事、スポーツ動作の改善
●体型の改善
●美容的効果

メンタル面の効果（可能性）
●自己肯定感や自己効力感の改善

図 1-2 **筋力トレーニングの健康増進に期待される影響**

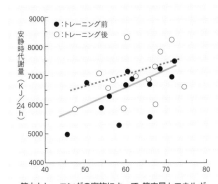

筋力トレーニングの実施によって、筋肉量とエネルギー消費量の増加が期待できる
（Platly ら、1994、石井直方：レジスタンストレーニング、ブックハウス・エイチディ、1999）

図 1-3 **筋力トレーニングの実施前後の除脂肪体重と安静時代謝量**

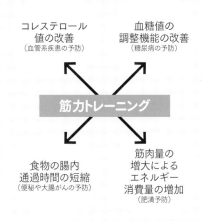

図 1-4 **筋力トレーニングの生活習慣病予防に期待される主な効果**

15

2 体型の改善 ●筋トレはボディメイクの主役

運動不足の状態が長く続くと、筋肉が衰えるとともに体脂肪が蓄積しやすく、見栄えの悪い体型になりがちです。

このような場合には、筋力トレーニングで、落ちてしまった筋肉を回復させるばかりでなく、必要な部位に適確に筋肉をつけることで体型を改善することができます。また、有酸素運動や食事のコントロールを並行して行えば、体脂肪を効率よく除去することもでき、さらに見栄えのよいからだをつくることも可能となります。

体型を効率よく改善するためには、からだのアウトラインに影響する部位の筋肉を集中的にトレーニングすると効果的です。

例えば、正面から見たときの体型を整えたい場合、肩の筋肉（三角筋）が大きくなると肩幅が広く見えるようになります。また、背中の筋肉（広背筋）の横への広がりが大きくなると、ウエストが引き締まって見え、逆三角形の体型に近づけることができます。

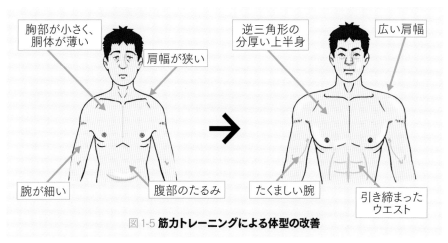

胸部が小さく、胴体が薄い
肩幅が狭い
腕が細い
腹部のたるみ

逆三角形の分厚い上半身
広い肩幅
たくましい腕
引き締まったウエスト

図 1-5 **筋力トレーニングによる体型の改善**

3 姿勢の改善や肩こり・腰痛の予防 ●マッサージをしても再発するがんこな肩こり

運動不足によって筋力が低下すると、一定の姿勢を保つ能力が衰えやすくなります。

特に、「体幹部」と呼ばれるおなか周りの筋力が低下すると、反り腰や猫背のような姿勢の悪化が起こりやすくなるとともに、肩こりや腰痛などの筋肉のこりや痛みを誘発する可能性もあります。

筋力トレーニングで筋力の向上を図ることによって、正しい姿勢を維持する能力が

高まり、姿勢の悪化を改善する効果が期待できます。

スマートフォンやパソコンの操作のように同じ姿勢を長く続けると、肩や首、腰などの筋肉のこりが強くなりますが、マッサージをしてこりが一時的にほぐれたとしても、しばらくすると再発しやすい傾向となります。

根本的な改善を図るためには、一定時間ごとに休憩をとり、軽い体操やストレッチングを行うとともに、日頃から疲れにくい正しい姿勢を保つための筋力を養っておくことも必要です。

女性の場合、脚のむくみに悩まされている人が少なくありませんが、脚部の筋力トレーニングを定期的に実施することによって、末梢部の血液の流れを促進するために重要な役割を果たしている「筋ポンプ作用（ミルキングアクション）」の機能を改善し、脚のむくみ予防にも役立てることができます。

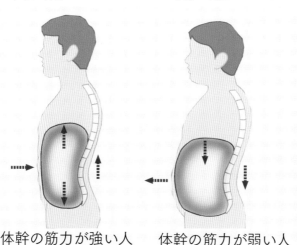

体幹の筋力が強い人　　体幹の筋力が弱い人

山本、1995より改変

図1-6 **体幹の筋力強化による姿勢の改善**

4 豊かなシニアライフのために ●生涯現役を貫くために筋トレは不可欠

加齢とともに筋肉量が低下する現象は「サルコペニア（Sarcopenia）」と呼ばれており、日本人の場合、20歳代から80歳代までに筋肉量が約50%低下するといわれています。

筋肉量が低下すると、筋力も衰えるため、布団の上げ下ろし、階段の上り下り、椅子や布団から起き上がるといった、日常のさまざまな動作に支障をきたすようになります。

高齢者の場合、筋肉の中でも、すばやく力を発揮することを得意とする「速筋線維」の衰えが顕著になるため、とっさの身のこなしが苦手になり、転倒する危険性も高まります。また、転倒した際には骨折してそのまま寝たきりになるケースも少なくありません。

医学の進歩によって寿命は年々延び続けている中、介護を受けずに生活できる期間を指す「健康寿命」を伸ばすことが重要になっています。このためには、加齢に伴う筋肉量や筋力の低下を最小限に抑えることが大切です。筋力トレーニングは、「ロコモティブシンドローム（移動能力に支障をきたして要介護リスクの高い状態）」や「フレイル（加齢により心身が老い衰えた状態）」を防ぎ、活動的で質の高い人生を送るために役立ちます。

［骨も強くする筋力トレーニング］

筋力トレーニングは、筋肉ばかりでなく骨にも刺激を与え、骨を強くする効果が期待できることが知られています。

特に、高齢者や女性の場合、骨の密度が低下して骨折しやすくなる骨粗鬆症（こつそしょうしょう）の予防のためにも筋力トレーニングは重要であるといえます。

骨はとても活発な組織で、古い骨組織を除去する「破骨細胞」と、新しい骨組織を形成する「骨芽細胞」が交互に働くことによって、1年間に骨全体の約20～30%が新しくなっています。

筋力トレーニングを実施すると、一定以上の負荷刺激が加わることによって骨の細胞の活動を刺激して、骨形成の働きが高まります。

骨を強くする働きは、特に骨の長軸（縦軸）方向に負荷が加わったときに起こりやすい傾向にあります。筋力トレーニングにおいて、脚部や脊柱の骨を強くしたい場合には、バーベルを担いで行うスクワット（下図）、腕部の骨を強くしたい場合にはベンチプレスやショルダープレスのような種目が効果的です。

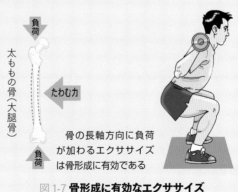

負荷

太ももの骨（大腿骨）

たわむ力

負荷

骨の長軸方向に負荷が加わるエクササイズは骨形成に有効である

図 1-7 **骨形成に有効なエクササイズ**

3 スポーツ選手にどう役立つか?

筋力トレーニングは、各スポーツの特性に応じて幅広い用途に活用されています。スポーツ選手にとって、筋力トレーニングにはどんなメリットがあるのでしょうか?

1 パフォーマンス向上への効果 ●アスリートの必須トレーニングとなった筋トレ

筋力トレーニングは、競技やレベルを問わず、スポーツ選手にとって必須のトレーニングとして位置づけられるようになっています。筋力トレーニングは、柔道やラグビーのように大きなパワーが要求される競技ばかりでなく、野球やゴルフのように繊細なテクニックが要求されるスポーツや、陸上競技の長距離種目のように持久力が必要とされるスポーツにおいても活用されるようになっています。

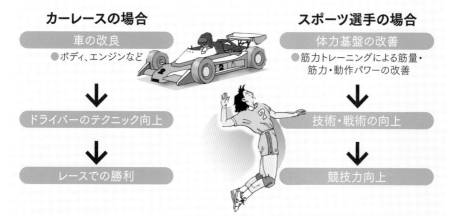

カーレースで勝つためには、車のボディ形状やエンジンなどの性能と、ドライバーのテクニックの2つ要素を高めることが重要。スポーツ選手の場合も、ドライバーのテクニックに相当する技術や戦術とともに、車のボディに相当する筋肉量や、エンジン性能に相当する筋力・パワーを改善することが不可欠

図 1-8 **筋力トレーニングによる体力基盤の改善と競技力向上**

表 1-2 **筋力トレーニングの競技パフォーマンス向上に対する効果**

●競技に必要な筋肉量の獲得

●選手の体力基盤となる筋力やパワーの養成

●スポーツの動作パワーの向上

●姿勢支持能力の改善

●スポーツ動作の経済性の改善

❶ スポーツ選手に必要とされる
筋肉量の獲得

　スポーツ選手が筋力トレーニングを導入することによって、選手として必要とされる筋肉量を、より短期間に効率よく獲得することができます。ラグビーやアメリカンフットボール、アイスホッケーなどのように、選手同士がぶつかりあうコンタクトスポーツにおいては、筋肉で体重を増やすことが有利な要因となります。一方、体重制限のある階級制スポーツや、陸上競技の長距離選手などの場合には、トレーニング内容を調整することで、筋肉量を抑えつつ、筋力やパワーを向上させることも可能です。

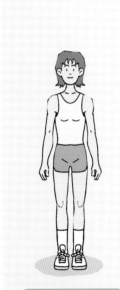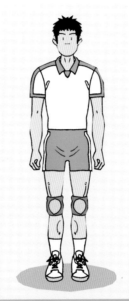

女子長距離選手
●身長158cm ●体重40kg

男子バレーボール選手
●身長190cm ●体重80kg

男子柔道選手
●身長180cm ●体重100kg

　競技によって理想体型は異なる。筋力トレーニングを活用すれば、競技に必要とされる筋肉量を効率よく獲得することができる。トレーニング方法を工夫すれば、筋肉量の増加を抑えつつ筋力やパワーを向上させることもできる

図 1-9 **競技別の体型の差異**

❷ スポーツ動作で発揮される
筋力やパワーの養成

　スポーツのパフォーマンスを向上させるためには、競技動作そのもののパワーやスピードを高めることが必要です。競技動作のパワーやスピードを発揮するための基盤としては、筋力（最大筋力）を高めることが重要であり、これは筋力トレーニングの実施によって、きわめて効率よく向上させることができます。また、筋力トレーニン

グを実際の競技動作に近い動作や条件で実施すれば、競技動作で発揮されるパワーの向上を図ることも可能です。

スポーツ界では、古くから「スポーツに必要とされるパワーは、スポーツの練習の中で養う」といった考え方がありました。

実戦に役立つ専門的な体力は、実際の練習の中で培われることは間違いのないことですが、技術練習では、各選手の筋力やパワーのレベルに応じて、適切な負荷をかけることは困難です。

効率よくスポーツ動作のパワーを高めるためには、筋力トレーニングを取り入れることが不可欠なのです。

技術・戦術練習

戦術　　筋力トレーニング

技術

専門的体力
●例)競技動作の筋力、パワー、スピード、筋持久力など

一般的体力
●例)バーベルの挙上重量など

筋力トレーニングは、選手の体力基盤をつくるために重要なトレーニングである

図 1-10 **競技力のピラミッド**

筋力トレーニングを実際の競技と近い動作や条件で行えば、スポーツの「動作パワー」の向上を図ることができる。野球のバッティング動作（右）のパワー向上を目的としたメディシンボールによるツイストスロー（左）

図 1-11 **スポーツの「動作パワー」向上**

❸からだへの負担の軽減と経済性の改善

スポーツにおいては、選手に対して負荷や衝撃が加わる場面が多く見られますが、筋力トレーニングによって筋力を高めておくことは、選手に加わる負荷や衝撃をやわらげ、からだへの負担を軽減することにつながります。

例えば、バレーボールのスパイカーの場合、ジャンプしてスパイクを打ったあと、床に着地するたびに大きな衝撃を受けますが、筋力の強い選手の場合には、弱い選手と比べて1回あたりの着地衝撃による負担が軽減されやすく、試合の後半にも着地衝撃の繰り返しによるジャンプ力の低下を最小限に抑えることができます。

一方、陸上競技の長距離種目の選手の場合、筋力トレーニングの実施によって、一定の距離を走行した際に消費されるエネルギーが、トレーニング前と比べて減少することが確認されており、筋力トレーニングは、持久型競技選手の経済性（ランニング・エコノミー）の改善にも役立てることができます。

　筋力トレーニングは、選手がケガをした
あとに、練習に復帰するまでのトレーニン
グとして多く用いられていますが、それだ
けでなく、ケガを未然に防ぐ効果も十分に
期待できます。

　筋力トレーニングを通じてケガの予防を
図ることは、よりハードで質の高い練習を
行うためにも役立ちます。

❶外部からの衝撃をやわらげる能力の向上

　スポーツのケガには、1回の大きな衝撃
によって起こる「外傷」と、衝撃が繰り返
し加わったり、使いすぎたりすることに
よって起こる「慢性障害」とがあります。

　後者のケガの原因には、間違ったフォー
ムの反復や、オーバーワークなどがあげら
れますが、これらもほとんどは外部から加
わる負荷や衝撃がケガの直接的な要因と
なっています。

　筋力強化によって負荷や衝撃をやわらげ
る能力を高めることは、スポーツのケガを
予防するために大切な要素であるといえま
す。

❷関節の安定性の改善

　足首のねんざを何回も再発した経験のあ
る人の場合、足首周辺を安定させる働きを
持つ靭帯と呼ばれる組織が切れたり伸びた
りして、足首の関節が不安定になっている
ことがあります。足首のねんざを予防する
ためには、周辺の筋力強化を図り、関節の
安定性を改善することが必要となります。

　一方、野球のピッチャーの中には、肩の
関節がゆるく、動きが不安定であることが
原因となって、肩の慢性的な障害に悩まさ
れている選手が少なくありません。このよ
うな障害を予防するためには、肩周辺の筋
力を強化するばかりでなく、肩関節の深部
にある肩の回旋動作に関わる筋肉（いわゆ
るインナーマッスル、P28参照）の強化
を図ることも重要です。

表 1-3 **筋力トレーニングの傷害予防の効果**

●**外部からの衝撃をやわらげる能力の向上**
●**関節の安定性の改善**
●**筋力バランスの調整**
●**安全な動作の習得**

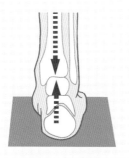
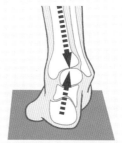

正常な足関節　　　　　ねんざを繰り返して
　　　　　　　　　　　　不安定になった足関節

ねんざを繰り返すと、関節を安定させる「靱帯」が伸びたり切れたりして、関節が不安定になりやすい。再発を防ぐためには、関節周辺の筋力を強化して関節の安定性の改善を図ることが必要

図 1-12 筋力トレーニングによる関節の安定性の改善

❸筋力バランスの調整

　スポーツ動作には、左右非対称な動きが多く見られます。このため、1つのスポーツを長期間にわたって続けていくと、特定の筋肉が酷使されたり、筋力のアンバランスが助長されたりする傾向にあり、これが顕著になると、ケガにつながる危険性もあります。

　ケガの予防のためには、日頃あまり使用しない筋肉や動作についても筋力強化を図り、筋力の過度なアンバランスを避けることが必要です。

スポーツ動作には左右非対称な動作が多く見られ、筋力のアンバランスが助長されやすい傾向がある。傷害の予防のためには、筋力トレーニングを通じて、スポーツ動作であまり使用しない筋や動作についても筋力強化を図り、筋力の過度なアンバランスが起こらないようにすることが必要

図 1-13 スポーツに多く見られる左右非対称な動作

［専門家のアドバイスを受けよう］

筋力トレーニングの効果を効率よく上げるためには、現在のレベルや目的に応じて適切なトレーニングプログラムを作成し、正しいフォームと条件でトレーニングを実践することが必要です。初心者の場合には、書籍やインターネットなどを通じてトレーニングについての知識を得たとしても、なかなか思ったような効果を上げることができません。また、自己流のトレーニングを無理に続けた場合には、ケガをする危険もあるので注意が必要です。

これから筋力トレーニングを開始しようとする人は、フィットネスクラブや公共の体育館などを利用して、トレーニング指導者に相談することをおすすめします。マンツーマンで有料のトレーニング指導を行う「パーソナルトレーナー」と呼ばれる専門家も増えており、個人の特性に合ったプログラムの作成や指導を受けることもできるようになっています。

第2章　基礎知識編

トレーニング前に知っておきたい基礎知識

筋力トレーニングを効果的に行うためには、関連する基本的な知識を身につけておくことが必要です。本章では、筋肉の特徴や筋力トレーニングの効果やメカニズムについて紹介します。

1 筋肉について理解しよう

筋力トレーニングの実施にあたって、筋肉の名称や構造、働きについて理解しておきましょう。

1 筋肉の名称や形状を知る

❶主要な筋肉と骨

人体は、およそ 200 の骨と 400 の筋肉で構成されています。筋力トレーニングにおいては、からだの中でも比較的大きい筋肉や、各部位の代表的な筋肉が、強化の主なターゲットとなります。

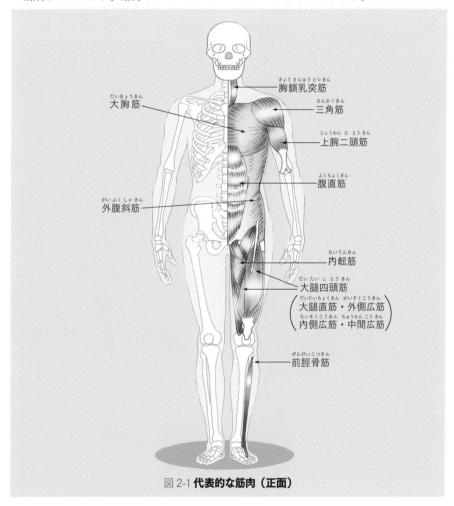

図 2-1 **代表的な筋肉（正面）**

胸鎖乳突筋（きょうさにゅうとつきん）
大胸筋（だいきょうきん）
三角筋（さんかくきん）
上腕二頭筋（じょうわんにとうきん）
腹直筋（ふくちょくきん）
外腹斜筋（がいふくしゃきん）
内転筋（ないてんきん）
大腿四頭筋（だいたいしとうきん）
大腿直筋・外側広筋（だいたいちょくきん・がいそくこうきん）
内側広筋・中間広筋（ないそくこうきん・ちゅうかんこうきん）
前脛骨筋（ぜんけいこつきん）

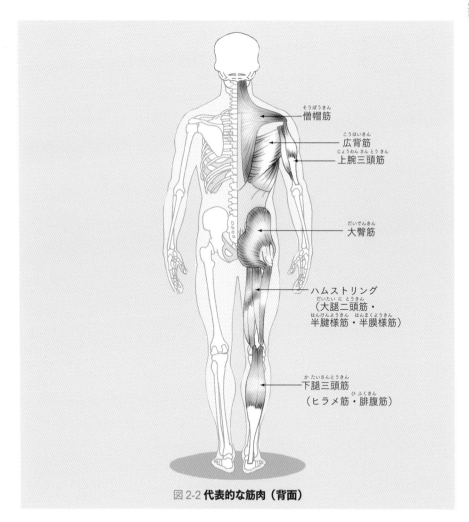

そうぼうきん
僧帽筋

こうはいきん
広背筋
じょうわん さん とう きん
上腕三頭筋

だいでんきん
大臀筋

ハムストリング
だいたい に とうきん
（大腿二頭筋・
はんけんようきん はんまくようきん
半腱様筋・半膜様筋）

か たいさんとうきん
下腿三頭筋
ひ ふくきん
（ヒラメ筋・腓腹筋）

図 2-2 **代表的な筋肉（背面）**

［アウターマッスルとインナーマッスル］

筋肉には、からだの表面に分布する「表層筋群（アウターマッスル）」と、からだの表面からは見えない内側に分布する「深層筋群（インナーマッスル）」とがあります。アウターマッスルは、からだの主要な動作において大きな力を発揮する原動力としての役割を果たしますが、インナーマッスルは、主に動作中に関節の回転軸を安定させたり、姿勢を一定に保ったりする働きを担っています。筋力トレーニングにおいては、アウターマッスルを強化するばかりでなく、正しい動作の習得やスポーツ傷害の予防などを目的としてインナーマッスルの強化を図ることも必要です。

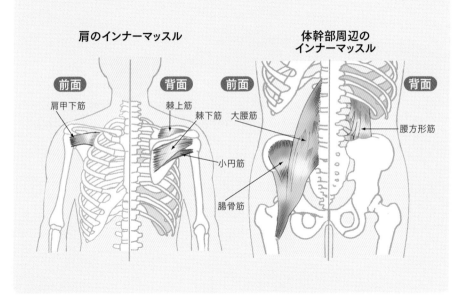

肩のインナーマッスル

前面　背面

肩甲下筋　棘上筋　棘下筋　小円筋

体幹部周辺のインナーマッスル

前面　背面

大腰筋　腸骨筋　腰方形筋

❷筋肉の形状

筋肉の形状は、部位や働きによって異なっています。肘を曲げたときにできる力こぶで知られる上腕二頭筋は、線維が縦方向に配列し、外見が糸巻のような形状をしていることから「平行筋」または「紡錘状筋」と呼ばれています。

また、この筋は2つに分かれていることから「二頭筋」にも分類されます。

太ももの前側の大腿四頭筋は、鳥の羽根のように線維が斜め方向に分布した形状となっており、「羽状筋」と呼ばれます。また、腹筋（腹直筋）は割れているように見えますが、これは「腱画」によって仕切られた形状となっているためであり、「多腹筋」と呼ばれています。

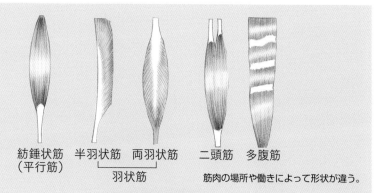

紡錘状筋　半羽状筋　両羽状筋　二頭筋　多腹筋
（平行筋）
　　　　　　　　羽状筋
　　　　　　　　　　　　　筋肉の場所や働きによって形状が違う。

図 2-3 **筋肉の形状**

［平行筋と羽状筋の特徴］

　上腕二頭筋に代表される平行筋は、筋肉の走行に沿って線維が縦方向に分布しているため、筋肉の収縮は、筋肉全体の長さの短縮にダイレクトに反映されます。このため、平行筋は短縮するスピードが速いのが特徴となっています。

　一方、大腿四頭筋に代表される羽状筋は、筋肉の走行に対して線維が斜め方向に分布しているため、平行筋と比べると筋全体の短縮するスピードは遅くなってしまいます。

　しかし、羽状筋は、一定の容積の中により多くの筋線維を配列することができるため、平行筋よりも大きな力を発揮することができます。大腿四頭筋がこのような形状をしているのは、体重を支えるとともに、移動の際には非常に大きな力を発揮することが必要であるためであると考えられます。筋肉は、その役割や機能にマッチした形状となっているのです。

2 筋肉の内部を知る

❶筋肉の内部構造と収縮の仕組み

　筋肉は、数百から数十万の筋線維で構成されています。筋線維は筋周膜によって束ねられており、これを「筋束」と呼んでいます。筋線維は、直径が 20 ～ 150 ミクロンの組織で、髪の毛と同じくらいの太さです。筋線維の周囲には、脳や脊髄からの命令を送る神経や、酸素と栄養物を運ぶ血管が分布しています。筋線維は、直径 1 ミクロン程度の筋原線維の束で構成されており、内部には、アクチンとミオシンと呼ばれる部分があって、これらが互いに内側に滑り込むことによって、筋肉の収縮が起こる仕組みになっています。

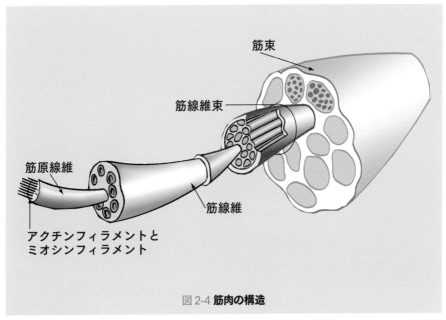

筋束

筋線維束

筋原線維

アクチンフィラメントと
ミオシンフィラメント

筋線維

図 2-4 **筋肉の構造**

❷筋線維の種類

　筋線維はその性質によって、収縮速度は
速いが疲労しやすい「速筋線維（FT 線維、
FG 線維、タイプⅡb 線維）」と、収縮速
度は遅いが持久力に優れた「遅筋線維（ST
線維、SO 線維、タイプⅠ線維）」の２つ
に分類することができます。またこれらの
中間的な性質を持つ筋線維として「FOG
線維（タイプⅡa 線維）」と呼ばれるもの
が知られています。

　各種筋線維の数の割合（筋線維組成）は、
遺伝によってほぼ決定されます。このため、
陸上短距離のような瞬発型・パワー型競技
の選手の場合には速筋線維が多く、陸上長
距離のような持久型競技の選手の場合に
は、遅筋線維が多いことが知られています。

　強度の低い運動では、主として遅筋線維
が動員されますが、強度が高くなるにつれ
て速筋線維も動員されるようになります。
したがって、高負荷を用いた筋力トレーニ
ングは、遅筋線維に加えて速筋線維が十分
に動員される運動であるといえます。

　また、加齢によって、速筋線維が選択的
に衰える（萎縮する）ことが知られており、
高齢者がすばやい動きを苦手とする要因に
なっているといわれています。筋力トレー
ニングは、このような速筋線維の萎縮を防
ぐためにも有効とされています。

　なお、中～高負荷を用いて、短い休息時
間で追い込む、筋肥大を目的とした筋力ト
レーニングを実施した場合には、速筋線
維（タイプⅡb）の有酸素的能力が高まり、
中間型（タイプⅡa）に変化することもあ
ることが知られています。

表 2-1 **筋線維の種類とさまざまな名称**

遅筋線維	速筋線維	
ST線維 Slow Twitch（遅い収縮）	FT線維 Fast Twitch（速い収縮）	
SO線維 Slow, Oxidative （遅い、有酸素的）	FOG線維 Fast, Oxidative, Glycolytic （速い、有酸素的、解糖的）	FG線維 Fast, Glycolytic （速い、解糖的）
タイプ I 線維	タイプ II a線維	タイプ III b線維

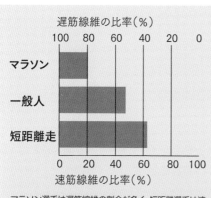

マラソン選手は遅筋線維の割合が多く、短距離選手は速筋線維の割合が多い

図 2-5 **スポーツ選手の筋線維組成**
（速筋線維と遅筋線維の割合）

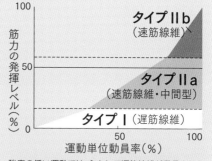

強度の低い運動では、主として遅筋線維が動員されるが、強度が高くなるにつれて速筋線維も動員されるようになる。筋力トレーニングにおいて最大の 60 ～ 70% 以上の負荷を用いた場合には速筋線維が動員される

図 2-6 **筋力の発揮レベルと筋線維の動員順序**（サイズの原理）

［魚に見られる白身と赤身］

　筋肉を採取して特殊な方法で染色すると、速筋線維は白く、遅筋線維は赤く見えます。このため、別名として速筋線維は「白筋線維」、遅筋線維は「赤筋線維」と呼ばれることがあります。

　魚の場合、白身のカレイやヒラメは、水底にじっとしていて獲物がくるとすばやく捕食する瞬発力に優れており、赤身のマグロやカツオは回遊魚として

長距離を泳ぎ続ける持久力に優れています。白身魚は「白筋線維」、赤身魚は「赤筋線維」の特徴とぴったり合っているわけです。

　ちなみに、赤身魚の赤色は、筋肉に酸素を運搬する役割を担う、「ミオグロビン」の赤い色素によるものであるといわれています。

❶トレーニング動作とテコの働き

ほとんどの筋肉は、1つ以上の関節をまたいで、両端にある腱を介して骨に付着しています。筋肉が脳からの命令を受けて収縮すると、筋肉によって骨が引っ張られて動作が起こります。

筋肉が関節や骨を介して外部に力を発揮する際には、「テコ」の働きがかかわっています。

例えば、手にダンベルを持って肘を曲げる「アームカール」の場合、肘が「支点」、上腕二頭筋の前腕の骨との付着部が「力点」、ダンベルのグリップが「作用点」となります。

これに対して、体重を負荷にして立った姿勢でかかとを上げてつま先立ちになる「カーフレイズ」の場合、足の親指の付け根（母趾球）あたりが「支点」、ふくらはぎの腓腹筋のかかとの骨との付着部が「力点」、体重が加わるくるぶしのあたりが「作用点」となります。

両者を比較すると、アームカールの場合には、実際のダンベルの重さよりもはるかに大きな力を発揮しなければなりませんが、カーフレイズの場合には、負荷となる体重よりも小さい力の発揮でも動作が行えることになります。

筋力トレーニングを効果的に行うためには、筋肉が分布する「走行」や、負荷が加わる方向、力を発揮する方向などを考慮した上で、正しいフォームを心がけることが大切です。

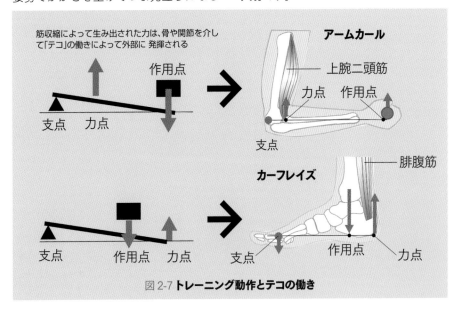

筋収縮によって生み出された力は、骨や関節を介して「テコ」の働きによって外部に発揮される

作用点　支点　力点

アームカール　上腕二頭筋　力点　作用点　支点

支点　作用点　力点

カーフレイズ　腓腹筋　支点　作用点　力点

図 2-7 **トレーニング動作とテコの働き**

❷トレーニング動作と筋収縮

筋収縮は、「静的収縮」と「動的収縮」の2つに大別することができます。

静的収縮とは、ウエイトを持って静止した状態や、関節角度を一定にして壁のような動かないものを押したときのように、筋肉が長さを変えずに力を発揮する状態であることから、「等尺性収縮（アイソメトリックコントラクション）」と呼ばれ、このような筋収縮によるトレーニングを「アイソメトリックトレーニング」といいます。

動的収縮とは、ウエイトを上げて下ろす動作のように、一定の負荷がかかった状態で筋肉がその長さを変えながら力を発揮する状態であることから「等張性収縮（または等張力性収縮）」と呼ばれ、このような筋収縮によるトレーニングを「アイソトニックトレーニング」と呼びます。

さらに、等張力性収縮の中でも、ウエイトを上げる局面（ポジティブ局面）の動作のように、主働筋が短縮しながら力を発揮する際の筋収縮を「短縮性収縮（コンセントリックコントラクション）」、ウエイトをゆっくりと下ろす局面（ネガティブ局面）の動作のように、主働筋がブレーキをかけるようにして引き伸ばされながら力を発揮する際の筋収縮を「伸張性収縮（エキセントリックコントラクション）」と呼んでいます。

代表的な腕の運動であるバーベルカールを例に、動作中の筋肉の働きについて説明すると、バーベルを持ち上げる局面では、上腕二頭筋は短縮しながら力を発揮する「短縮性収縮」を行っており、バーベルを下ろす局面では、上腕二頭筋は引き伸ばされながら力を発揮する「伸張性収縮」を行っていることになります。

ウエイトを下ろすときの「伸張性収縮」の

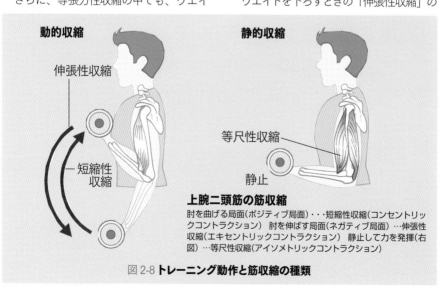

上腕二頭筋の筋収縮
肘を曲げる局面（ポジティブ局面）‥‥短縮性収縮（コンセントリックコントラクション）　肘を伸ばす局面（ネガティブ局面）‥‥伸張性収縮（エキセントリックコントラクション）　静止して力を発揮（右図）‥‥等尺性収縮（アイソメトリックコントラクション）

図2-8 **トレーニング動作と筋収縮の種類**

際に発揮される力は、ウエイトを上げるときの「短縮性収縮」で発揮される力よりも20～40％強いことが知られています。外力に対して持ちこたえる力は、持ち上げる力よりも強いため、1回も持ち上げることができないウエイトでも、静止したり、ゆっくり下ろしたりすることはできるのです。

❸トレーニング動作と筋肉の役割分担

　トレーニング中には、動作の原動力となる「主働筋」と、これに協力する「共働筋」とが連携して働いています。例えば、ベンチプレスを行うときには、胸部の大胸筋が主働筋、肩の三角筋や腕の上腕三頭筋が共働筋として働きます（図2-9）。

　その他、主働筋による動作と反対方向の動きを行う際に働く筋肉を「拮抗筋」と呼びます。例えば、肘を曲げる動作の際には、上腕二頭筋が主働筋、上腕三頭筋が拮抗筋となります（図2-11）。

　また、筋力トレーニングの動作中には、胴体周辺（体幹部）や下肢などの筋肉が姿勢を支持したり、体重を支えたりする働きをしていますが、このような筋肉を「姿勢支持筋」または「安定筋（スタビライザー）」と呼んでいます。スクワットにおける脊柱起立筋がこれにあたります（図2-10）。

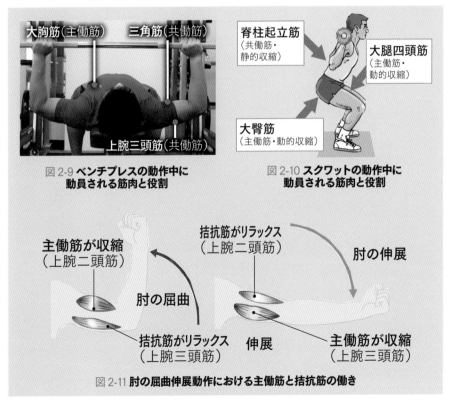

大胸筋（主働筋）　三角筋（共働筋）

上腕三頭筋（共働筋）

図2-9 ベンチプレスの動作中に動員される筋肉と役割

脊柱起立筋（共働筋・静的収縮）

大腿四頭筋（主働筋・動的収縮）

大臀筋（主働筋・動的収縮）

図2-10 スクワットの動作中に動員される筋肉と役割

主働筋が収縮（上腕二頭筋）

拮抗筋がリラックス（上腕二頭筋）

肘の伸展

肘の屈曲

拮抗筋がリラックス（上腕三頭筋）

伸展

主働筋が収縮（上腕三頭筋）

図2-11 肘の屈曲伸展動作における主働筋と拮抗筋の働き

2 筋力トレーニングのメカニズム

筋力トレーニングを行うと、その内容に応じて、からだの中ではさまざまな変化が起こります。トレーニングの効果は、どんなメカニズムによって得られるのでしょうか？

1 筋肥大のためのトレーニング

筋力トレーニングによって、筋肉を太くしたり、筋肉量を増やしたりすることは、見栄えのよいからだをつくるばかりでなく、代謝を高めて太りにくいからだに変えたり、生活習慣病を予防したりするためにも役立ちます。また、筋力トレーニングによる筋肥大の効果は、スポーツ選手が競技に必要な筋肉量を短期間に効率よく獲得するためにも重要であり、大きな筋力やパワーを発揮するための基盤にもなります。

❶筋肥大はどの部分で起こるのか？

筋肉の太さや量は、各部位のサイズをメジャーで測ったり、体重と体脂肪率から「除脂肪体重（脂肪を除いた体重）」を算出し

たりすることによってある程度把握することができます。

筋力トレーニングによる筋肥大は、主として筋線維の1本1本が太くなることによって起こります。これ以外には、筋線維の数の増加（筋線維の増殖）や、筋線維以外の結合組織（主としてコラーゲン）と呼ばれる部分の増大も、筋肥大の要因として考えられています。

注）筋肉が太く大きくなることを意味する言葉として、「筋肥大」や「筋量増大」がよく使われます。狭義では、「筋肥大」は筋肉のサイズが太くなること、「筋量増大」は筋肉の量が増えることを意味しますが、本書では、これらの総称として「筋肥大」を使います。

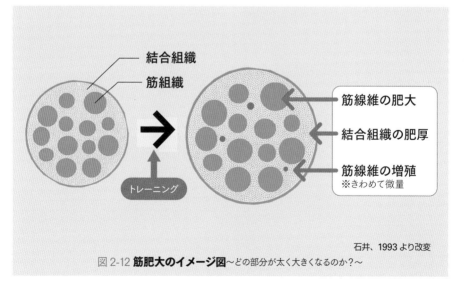

結合組織
筋組織

トレーニング

筋線維の肥大
結合組織の肥厚
筋線維の増殖
※きわめて微量

石井、1993より改変

図 2-12 **筋肥大のイメージ図**〜どの部分が太く大きくなるのか？〜

［女性も男性と同じように筋肥大するのか？］

　女性の中には、「筋力トレーニングを行うと男性のようなからだつきになってしまうのでは？」と心配する人がいます。

　女性は、筋肥大に関与する男性ホルモンの分泌が男性に比べて少なく、女性らしいからだつきをつくる女性ホルモンの分泌が多いことから、男性的な体型になってしまうことはありません。特に、上半身の筋肉については、女性の場合、男性と比べて男性ホルモンの信号を受け取る受容体が少ないため、女性の上半身の筋肉は男性よりもつきにくいことがわかっています。

❷筋肉に一定以上の負荷をかけて強く活動させる

　基本的に筋肥大のためには、トレーニングによって筋肉に一定以上の負荷刺激を加え、強く活動させることが必要です。

　筋肉に負荷刺激が加わることによって、次項で述べる成長ホルモンの分泌　とともに「成長因子」と呼ばれる物質（インスリン様成長因子Ⅰ：IGF-Ⅰ）が肝臓や筋線維内で放出され、食事で摂ったタンパク質を筋肉に合成（同化）する作用が高まることや、筋繊維が損傷した時に活性化するサテライト細胞の働きなども筋肥大に関与していると考えられています。

　筋肥大のためには、少なくとも1回持ち上げられる最大のウエイトの70％以上の負荷（12回以下しか繰り返しができない負荷）を用いることが必要です。このレベルの負荷を用いることによって、筋肥大しやすい速筋線維（タイプⅡ線維）を十分に動員する効果も期待できます。

❸パンプアップと成長ホルモンの作用

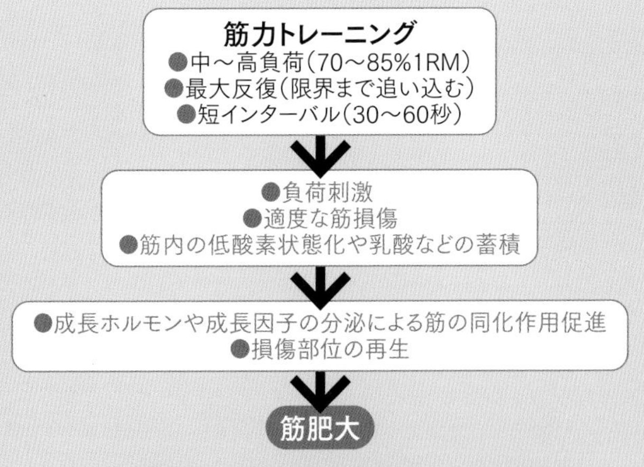

筋力トレーニング
- 中〜高負荷（70〜85％1RM）
- 最大反復（限界まで追い込む）
- 短インターバル（30〜60秒）

- 負荷刺激
- 適度な筋損傷
- 筋内の低酸素状態化や乳酸などの蓄積

- 成長ホルモンや成長因子の分泌による筋の同化作用促進
- 損傷部位の再生

筋肥大

図 2-13 **筋力トレーニングによる筋肥大のメカニズム**

［追い込んだときに筋肉が熱くなる感覚は？］

反復できなくなるまで追い込むようなトレーニングを行ったとき、筋肉が「熱い」、「痛がゆい」といった感覚を経験することがあります。

このような現象は、一般に「バーン（Burn）」とか「バーニング（Burning）」と呼ばれていますが、追い込んだトレーニングによって、代謝産物が筋肉内部に痛みを引き起こす「発痛物質」となり、さまざまな神経（侵害受容器と呼ばれるセンサー）を刺激することによって起こると考えられています。

筋力トレーニングを行うと、筋肉がパンパンに張って膨張したような感覚が起こり、筋肉のサイズが一時的に増加します。このような状態は、一般に「パンプアップ」と呼ばれています。

トレーニングによって、筋肉内の毛細血管が開いて血液が大量に流れ込むとともに、筋肉が一時的な低酸素状態となり、筋肉内に乳酸をはじめとする各種代謝産物が蓄積します。このような状態になると、代謝産物を除去したり薄めたりするために、浸透圧の働きによって筋肉内に水分（血液の血漿成分）が入り込み、結果として筋肉が膨張した状態になると考えられています。このような「パンプアップ」が起こるレベルまで追い込んだトレーニングを行うと、トレーニング後に成長ホルモンが多量に分泌され、これが筋肉の合成を促進する役割を果たすと考えられています。

パンプアップを起こすためには、10回前後の反復回数で限界に達するようなトレーニングを、1分以内の短い休息時間で行うことが有効です。また、加速をつけずにゆっくりとした一定スピードで休みなく

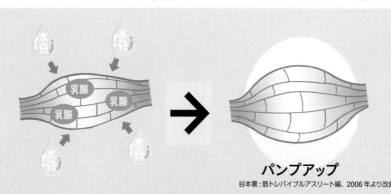

パンプアップ
谷本著：筋トレバイブルアスリート編、2006年より改変

追い込んだ筋力トレーニングを行うと、毛細血管が開いて血液が大量に流れ込むとともに、乳酸などの代謝産物が蓄積し、浸透圧の働きで水分が筋肉内に入り込む

図 2-14 **パンプアップ**

動作を行うことも効果的です。

　トレーニングの動作範囲全体を通じて、筋肉の収縮を常に保つことができるため、筋肉内の血管を圧迫することで、血流を一時的に制限し、低酸素状態にすることで、パンプアップを促進する効果が期待できます。

❹筋肉は損傷してから回復する過程で大きくなる

　筋力トレーニングによって、筋肉に微細な損傷（筋損傷、下のコラム参照）が起こると、損傷した部位を修復する働きが活発

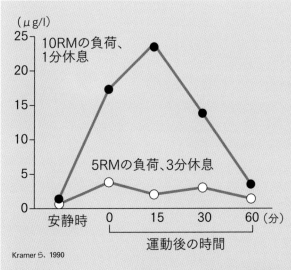

（μg/l）
25
10RMの負荷、1分休息
20
15
10
5
5RMの負荷、3分休息
0
安静時　0　15　30　60（分）
運動後の時間

Kramer ら、1990

筋肥大を目的とした条件（10RM の負荷、1分休息）による筋力トレーニングでは、筋力向上を目的とした条件（5RM の負荷、3分休息）で行った場合と比べてより多くの成長ホルモンが分泌される

後藤一成、高松薫：高強度と低強度の運動を組み合わせた新しい筋力トレーニング運動．バイオメカニクス研究　6(3)、241、2002 年より引用

図 2-15 **筋力トレーニングによる成長ホルモンの分泌**

［パンプアップの度合いをチェックしてみよう］

　トレーニングの前後に筋肉のサイズをメジャーで測ると、パンプアップの度合いを具体的に把握することができます。上腕部のトレーニングを集中的に行った場合には、男性の場合、トレーニング前と比べて腕の太さが1cm前後太くなり、トレーニング終了後30分程度で元に戻ります。

　パンプアップによるサイズの変化は、トレーニングの追い込み具合や体調の

指標としても参考になると考えられます。例えば、トレーニングの調子がよいときには、日頃より大きくサイズアップしますが、疲れているときや空腹のときなどには、今ひとつサイズアップしない場合が多いようです。また、得意種目や好きな種目は十分パンプアップしますが、不得意種目や嫌いな種目の場合は、パンプアップが不十分といったこともあるようです。

になり、タンパク質の合成レベルが高くなります。通常、2〜3日（48〜72時間）程度で損傷部位は回復しますが、環境や条件がよければ、トレーニング前よりも筋肉は大きく強く変化します。

このような現象は、一般に「超回復」（ちょうかいふく）といわれています。人体は、筋力トレーニングの負荷刺激によって適度な損傷を受けると、次に同じ負荷刺激を受けたときには、筋肉がダメージを受けないように「適応」しようとする性質を持っているのです。筋力トレーニングによって筋量を増やすためには、このような人体の適応能力をうまく利用することがポイントであるといえます。

筋損傷は、ウエイトを下ろす局面で筋肉が伸張性収縮を行うときに起こりやすいことから、筋肥大を目的とした場合には、ウエイトを下ろす局面の動作を脱力せずにていねいに行うことが有効です。

なお、損傷があまりに著しい場合には、筋線維が壊死を起こしてアミノ酸に分解され、尿として体外に排泄（はいせつ）されます。なお、壊死を起こした部位には、10〜14日程度の期間で新たな筋線維の再生が起こる場合もあります。

［筋損傷はウエイトを下ろす局面で起こりやすい］

ウエイトを下ろす局面の伸張性収縮を行う際には、筋肉が短縮しようと力を発揮しようとしているにもかかわらず、引き伸ばされていく作用が起こることから、筋肉そのものに微細な損傷（筋損傷）が起こりやすく、これに伴う炎症反応などによって、筋肉痛が発生しやすい傾向があります。このような筋肉の損傷に伴う筋肉痛は、トレーニングを行った直後ではなく、1〜2日後あたりから痛みが出てくることから、「遅発性筋肉痛（DOMS）」と呼ばれています。

筋肉痛は、筋力トレーニングをしばらく休んで久しぶりに再開したときや、最大に近い高負荷を使用したとき、ウエイトを下ろす局面で強い負荷をかけたりゆっくりと動作を行ったりしたときなどに起こりやすい特徴があります。

筋損傷による筋肉痛の回復のためには、損傷を起こした組織の修復が必要であり、筋肉痛が回復するまでは、その部位に強い負荷をかけるトレーニングは避けておいたほうが無難です。

2 筋力向上のためのトレーニング

筋力を高めることは、私たちの日常生活を活動的にするとともに、さまざまな運動の負担度（相対強度）を減らしたり、ケガを予防したりするためにも役立ちます。また、スポーツ選手にとって、最大筋力を高めることは、スポーツ動作のパワーやスピードを向上させるための基盤としても重要です。

❶最大筋力を決定する要因

筋力とは、外部に対して発揮した力を意味し、その最大値を「最大筋力」と呼んでいます。最大筋力は、ウエイトを1回持ち上げられる最大の重さ（最大挙上重量）などによって把握することができます。最大筋力にかかわる要素としては、筋線維組成、筋の断面積、運動単位の動員率などが

あります。このうち、筋線維組成については、速筋線維の数が多い人は大きな筋力を発揮しやすい傾向にありますが、遺伝的な影響を受けやすいため、最大筋力を高めるためのトレーニングにおいては、他の2つの要素の改善を図ることがポイントとなります。

❷筋力発揮のベースとなる筋横断面積

筋の横断面積とは、筋肉（筋線維）の走行に対して直角に切ったときの横断面の面積を指し、これが大きい人ほど大きな筋力を発揮できることが知られています。

最大筋力を高めるためには、筋力を発揮するための土台となる筋肉自体を太くすることが必要であり、前項で述べた筋肥大のためのトレーニングが有効です。

表 2-2 **筋力を決定する 3 つの要因**

❶**筋の横断面積**	筋力は筋の横断面積に比例する 必要レベルの筋肥大が必要
❷**神経系の機能**	同時に多くの運動単位を動員することで大きな筋力が発揮できる 高負荷を用いた全力発揮による筋力トレーニングが必要
❸**速筋線維の割合**	筋肉内に占める速筋線維の割合が大きいと大きな筋力の発揮が可能 ほぼ先天的に決定されるため、トレーニングによる改善の可能性は低い

［筋肥大トレーニングでは羽状角に注意］

大腿四頭筋のような羽状筋の場合、筋が一定レベル以上に顕著に肥大すると、筋肉の縦軸に対する筋線維の走行の角度（羽状角）が大きくなり、筋線維は大きな力を発揮していても、骨に対して相応の力が発揮できなくなる場合があります。

スポーツ選手の場合には、際限なく筋肉を肥大させるのではなく、達成目標を決めて、トレーニングに励むことが大切です。

❸運動単位の動員率を高める

筋肉が力を発揮するためには、脳からの命令が神経を伝わって筋線維に伝達されることが必要です。神経は、「運動神経」として脊髄から枝分かれして、数本から数百本以上の筋線維とつながっており、これらをまとめて「運動単位」と呼んでいます。大きな筋力を発揮するためには、運動単位の動員率を高め、より多くの筋線維を収縮させることが重要です。

運動単位の動員率を高めるためには、脳の興奮水準を高めること、すなわち、メンタル面のテンションを高め、気合いを入れて力を発揮することが必要です。具体的には、トレーニングの開始前や動作中に声を出すことや、パートナーにかけ声をかけてもらうことなどが有効です。

また、筋力トレーニングを行う際には、最大に近い高負荷を使用して、脳や神経系にインパクトを与えることや、全力スピードで動作を行うようにすることなども重要なポイントとなります。

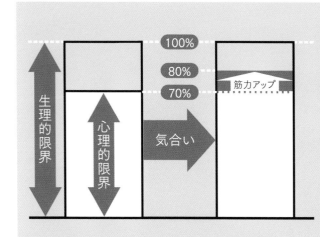

気合いを入れて脳の興奮水準を高めることによって、それまで抑制されていた運動単位の動員が促進され、より大きな筋力を発揮することができるようになる。筋力向上を目的とした筋力トレーニングでは、いわゆる「火事場の馬鹿力」のような働きを活用することがポイントとなる

図 2-16 **気合いによる筋力向上のイメージ**

❹筋力トレーニング開始当初の
　筋力アップのメカニズム

　初心者が筋力トレーニングを開始すると、最初の1〜2カ月の間に、使用する重量や、反復回数が著しく向上します。

　このような現象が起こるもっとも大きな要因としては、動作中により多くの運動単位が動員できるようになったことがあげられます。

　初心者の場合、トレーニング開始当初は、全力を発揮したつもりでも、実際には運動単位を十分に動員することができません。この理由としては、同時に多くの運動単位が動員されてしまうと、肉離れなどの筋肉のケガ（いわば自損事故）を引き起こす危険性があるため、脳がコントロール（抑制）していることや、大きな力を発揮することを得意とする速筋線維を使う経験が少なかったことなどが考えられます。

　しかし、トレーニング経験を積むにしたがって運動単位の動員に対する抑制が徐々に解除され、より大きな力が発揮できるようになります。

　その他、ベンチプレスやクリーンのような、複数の筋肉や関節が関与するエクササイズの挙上重量向上の要因としては、トレーニング経験を積むにしたがって、トレーニングのテクニックが改善されることや、動作に参加するさまざまな筋肉が、順序よく協調的に動員できるようになることなどが関与していると考えられます。

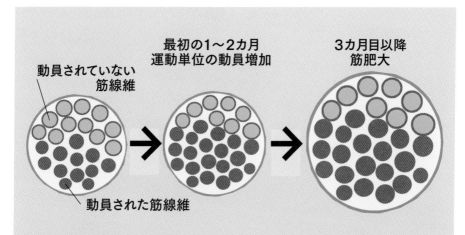

初心者が筋力トレーニングを開始すると、最初の1〜2カ月間に、運動単位の動員増加やエクササイズの動作に慣れることなどによって、使用する重量が著しく向上する。このような神経系の改善が上限に達すると、筋力の向上は頭打ちになるが、以降は筋肥大によって筋力の向上を図ることができる

図 2-17 筋力トレーニング開始当初の筋力アップのメカニズム（イメージ図）

3 パワー向上のためのトレーニング

筋力トレーニングを通じてパワーを高めることは、スポーツにおいて、大きな力を瞬発的に発揮するプレーや、すばやくキレのあるプレーなどでプラスの影響をもたらします。一般の人でも、日常生活の動作を軽快に行ったり、いざというときにとっさに身をかわしたりするときなどに役立ちます。

❶パワーにかかわる要素

パワーとは「一定の時間内に行われた仕事」を意味し、「仕事÷時間」または「力×スピード」で表すことができます。その発揮形態にはさまざまなタイプがありますが、スポーツや日常生活動作においては、「爆発的パワー（Explosive Power）」と呼ばれる短時間内に大きな力を発揮するタイプのパワーが重要視されます。

パワーを高めるには、「力×スピード」で示されるように、「力」と「スピード」のどちらか、または両方を高めることが有効です。このうち、スピードの要素については、遺伝的な影響を受けやすいため、トレーニングによって改善できる可能性（トレーナビリティー）が比較的限定されていますが、力の要素については、筋力トレーニングによって大幅な改善が期待できます。しかし、最大筋力を向上させるだけでは、長期にわたって継続的にパワーを向上させていくことはむずかしいため、パワー発揮能力そのものを向上させるための専門的なトレーニングによって神経系や筋肉の働きを改善することが必要です。

また、スポーツや日常生活においては、動作の特性や動作中に加わる負荷の大きさなどが異なるため、パワー向上のトレーニングの実施にあたっては、これらの特徴を十分に考慮して行うことも大切です。

図2-18 **パワーとは**

❷力とスピードの関係と最大パワー

　筋力トレーニングにおいて、ごく軽いウエイトを用いた場合、非常に速いスピードで動作を行うことはできますが、大きな力を発揮することはできません。

　一方、最大に近い重いウエイトで動作を行った場合には、大きな力を発揮することはできますが、動作スピードは遅くなってしまいます。このように力とスピードは、互いに相反する（反比例する）関係であるといえます（図2-19）。

　「力×スピード」の最大値を「最大パワー」と呼びます。最大パワーが発揮できる負荷の大きさは、動作の形態によって異なります。例えば、肘を曲げる動作のような「単関節運動」の場合、最大（最大等尺性筋力）の30%程度の負荷のときに「力×スピード」で表されるパワーが最大となります（図2-20）。これに対して、複数の関節を動員する「多関節運動」の場合、ベンチプレスやスクワットでは、最大挙上重量の40～70%の負荷のときに、また、床に置いたバーベルを一気に肩の高さまで挙上するクリーンでは、最大の90～100%の負荷のときにパワーが最大になるといわれています。

　最大パワーを高めるためには、各運動で最大パワーが発揮しやすい負荷と同じくらい、またはやや上回るくらいの負荷を用いて、できるだけすばやく動作を行う方法が効果的です。ベンチプレスやスクワットの場合には、最大挙上重量の50～60%の負荷で5～10回の反復をできるだけすばやく行うという方法がよく用いられます。

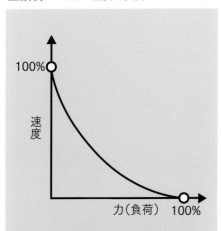

図 2-19 **負荷の大きさと速度の関係**

低負荷では高速の運動が可能だが、負荷が高くなるにつれて速度は低下する

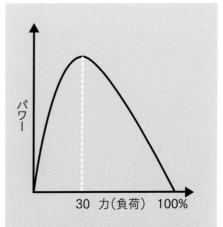

図 2-20 **負荷の大きさとパワーの関係**

肘を曲げる動作のような単関節運動の場合、最大等尺性筋力の30%程度の負荷のとき、パワーが最大となる

❸爆発的パワーと力の立ち上がり

　パワーの発揮形態にはさまざまなタイプがありますが、短時間内に大きな力を発揮するタイプのパワーを、「爆発的パワー（Explosive Power）」と呼んでいます。爆発的パワーは、垂直跳びや野球のバッティングのような局面できわめて重要な能力であるといえます。

　図2-21は、2人の選手の力発揮の様子を示したものです。A選手とB選手はともに、力を発揮し始めてから0.6秒後に最大筋力（100%）に到達しています。しかし、最大筋力の発揮に至るまでの経過を見ると、A選手は0.1秒後に最大の80%の力を発揮したのに対して、B選手は0.2秒かかっています。

　短距離をすばやく走るスプリント動作や、助走から踏み切ってジャンプする動作では、足が地面についている時間（接地時間）が0.2秒以内であるのに対して、最大筋力を発揮するまでには、0.6～0.8秒の時間がかかるといわれています。スポーツや日常生活の動作のパフォーマンスを向上させるためには、ゆっくりじわじわと力を発揮するのではなく、A選手のように、短時間にすばやく、一気に加速的に（減速せずに）大きな力を出すパワー発揮能力が必要とされます。これは、「力の立ち上がり速度」と呼ばれており、専門用語では、「RFD（Rate of Force Development）：単位時間あたりの筋力の増加率」という言葉が使われています。

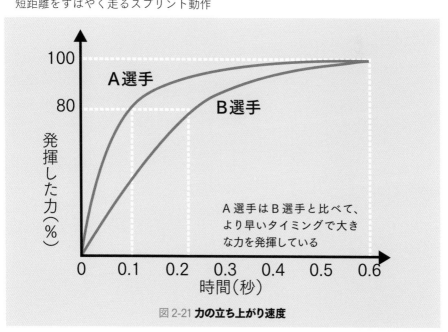

A選手

B選手

A選手はB選手と比べて、より早いタイミングで大きな力を発揮している

発揮した力（％）

時間（秒）

図2-21 **力の立ち上がり速度**

❹反射の働きや腱の弾性を利用する

　垂直跳びでは、しゃがんで静止した状態から跳ぶよりも、直立姿勢からしゃがんですばやく切り返して跳んだときのほうがより高く跳ぶことができます。また、台から跳び降りてから、しゃがんで跳び上がったときには、さらに高く跳ぶことができます。これは、しゃがむ動作で、筋肉が急激に引き伸ばされた際に、「筋紡錘」がこれを感知し、神経や脊髄を介して反射的に筋肉を短縮させる「伸張反射」という作用によって起こる現象です（図2-23）。

　一方、ふくらはぎの筋肉に力を入れて、足首の関節を固定した状態で連続的にジャンプを行ったときには、着地時の衝撃によってアキレス腱がいったん引き伸ばされたあと、バネのような腱の弾性によって、

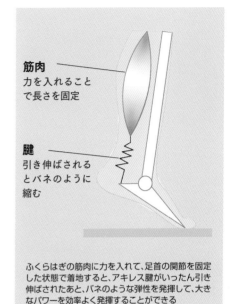

筋肉
力を入れることで長さを固定

腱
引き伸ばされるとバネのように縮む

ふくらはぎの筋肉に力を入れて、足首の関節を固定した状態で着地すると、アキレス腱がいったん引き伸ばされたあと、バネのような弾性を発揮して、大きなパワーを効率よく発揮することができる

図2-22 **腱の弾性の作用**

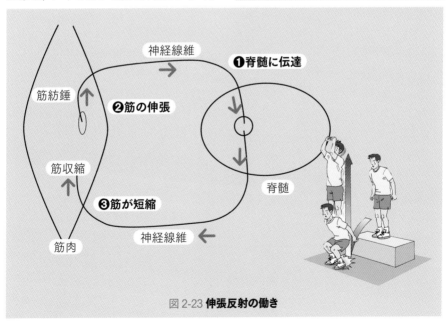

図2-23 **伸張反射の働き**

跳び上がる局面では大きなパワーを効率よく発揮することができます（図2-22）。

　連続的なジャンプやダッシュ、方向転換のような、切り返し動作（専門用語では、ストレッチ・ショートニング・サイクル〈SSC〉という）を伴う運動において、大きなパワーを発揮するためには、切り返し動作をできるだけすばやく反動的に行うことを意識して、伸張反射や腱の弾性の働きを最大限に利用することがポイントとなります。

［筋力アップが頭打ちになったら］

　初心者が筋力トレーニングを開始すると、最初の数カ月間に急激な筋力アップが見られますが、その後、筋力の向上は頭打ちとなり、変化はゆるやかになります。

　最初の数カ月間の筋力アップの要因は、主として運動単位の動員が促進されたことによるものですが、これは、もともと自分が持っていた筋線維がより多く使えるようになったことにすぎません。

　自分の持っている筋線維の動員がピークに達すると、それ以上大きな筋力を出すことはむずかしくなるため、筋力の急激な向上が頭打ちになってしまうのです。

　運動単位の動員の促進（神経系の改善）による筋力の向上が頭打ちになったあと、さらに筋力を伸ばすにはどうしたらよいのでしょうか。

　対策としては、筋線維を太くして、筋断面積を増やすことが有効な方法であるといえます。長年にわたって、筋力を向上させ続けるためには、筋肉を太くするトレーニングと、神経系の機能向上をねらった筋力アップのトレーニングをうまく組み合わせることがポイントとなります（P42参照）。

第3章

プログラム作成のための基本事項

この章では、筋力トレーニングのプログラムの作成や実施の手順と、プログラムの構成要素について紹介します。

1 筋力トレーニングのプログラム作成と実施の手順

1 プログラムの作成と実施の流れ

筋力トレーニングのプログラムを作成し、効率よく実施して十分な効果を上げるためには、「計画（Plan）」→「実施（Do）」→「確認（Check）」の3つの流れを考慮することが大切です。このような流れを理解しておくと、トレーニング効果が思わしくないときには、早い段階で原因を突き止め、適切な対応をとることができます（図3-1）。

プログラムの作成と実施の手順に問題があると、トレーニング効果の停滞、オーバーワーク、ケガの発生、やる気の低下などが起こりがちです。スポーツ選手の場合には、「バーベルの挙上重量は伸びたのに、スポー

ツのプレーが改善していない」というように、筋力トレーニングが本来の目的につながらず、本末転倒のようなことにもなりかねません。

トレーニング計画を綿密に立てたり、これをチェックしたりすることは面倒だと感じる人も多いと思いますが、筋力トレーニングは効果が上がってこそ、より大きな喜びや楽しさ、そして本来の醍醐味を実感することができるものです。

すでにトレーニングを実践している人も、この機会に見直しを図ることをおすすめします。

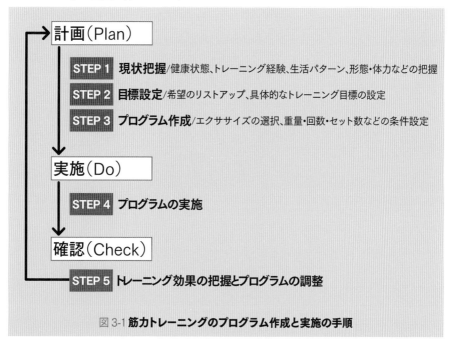

図 3-1 **筋力トレーニングのプログラム作成と実施の手順**

2 現状を把握する

　トレーニングを開始するにあたって、現在の健康状態や、形態（からだつき）、体力レベルなどについて把握し、スタートラインを明確にしておきましょう。ケガなどの不安がある場合は、必ず医師に相談してトレーニングの実施許可を得ておきます。

　形態面については、体重、体脂肪率、各部位のサイズなどについて調べておきます。トレーニング開始時に写真をとっておくと、トレーニングによる体型の変化を視覚的に把握することもできます。

　体力面については、筋力トレーニングを開始し、動作や重さに慣れてきたあとに、基本的なエクササイズの挙上重量や反復回数を調べておくとよいでしょう。スポーツ選手の場合には、専門スポーツと関連のある体力測定も行っておくと、筋力トレーニングと競技パフォーマンスとの関連を把握することができます。

　そのほか、学校や仕事の状況、食事内容、トレーニング環境（施設や器具）などについても整理しておくと、プログラムの調整や、トレーニング環境の見直しを行うときに役立ちます。

3 目標を設定する

　現状把握の段階で、スタートラインが明確になったら、筋力トレーニングの目標設定を行います。目標は、できるだけ具体的で実現可能なレベルに設定するとともに、達成期限を明確にしておくと効果的です。

　一般の方の場合には、筋力トレーニングで何を実現させたいのかをはっきりさせておきましょう。思いつくままにリストアップしてかまいませんが、「健康の維持」や「体力アップ」といった漠然としたものではなく、「胸の筋肉をつけて胸囲を90cmにしたい」というように、具体的で数値化できるものが理想です。希望がまとまったら、次ページの表3-1のような記入票を用いて、具体的な目標設定を行います。一般の方にとって、これは、将来の効果を明確にイメージして前向きにトレーニングに取り組むために行うものです。

　一方、スポーツ選手が筋力トレーニングを行う最終目的は、重いバーベルを挙げることではなく、選手の競技パフォーマンスを向上させることです。このため、筋力トレーニングの目標は、このプレーを改善したい、この体力要素を高めたい、この試合で勝ちたいといった、競技の目標を前提に設定することがポイントです（表3-2）。

表 3-1 **筋力トレーニングの目標設定の例**（一般の方の場合）

筋力トレーニングの目標設定

記入日　○○○○年　○○月　○○日

氏名　　○○　○○　　　男

❶長期目標（45歳の誕生日まで）

30歳代前半の体力年齢と体型を維持する

❷○○○○年の年間目標

筋肉の増量と体脂肪の減少を図り、よりよい体型をつくる

①形態面の目標

重点目標

筋肉量(除脂肪体重)を2kg増やし、体脂肪率を16%まで減らす

形態測定項目の目標値（身長：170cm）

項目	現在の値	目標値
体重	70kg	71kg
体脂肪率	20%	16%
除脂肪体重	56kg	59kg
胸囲	90cm	93cm
ウエスト	87cm	84cm
上腕囲	35cm	37cm

②体力面の目標

重点目標

ベンチプレスで自分の体重を挙げる

体力測定項目の目標値　　　　　　　　※達成率(%)= 現在の値÷目標値× 100

種目	現在の値	目標値	現在の達成率
ベンチプレス	60kg(体重の0.85倍)	70kg(体重の1.0倍)	85%
レッグプレス	100kg(体重の1.4倍)	110kg(体重の1.5倍)	90%

③その他の目標

●ゴルフの飛距離を30ヤード伸ばす
●ぎっくり腰や肩の痛みが再発しないようにする

表 3-2 **筋力トレーニングの現状把握と目標設定の例**（スポーツ選手の場合）

筋力トレーニングのための現状把握と目標設定

記入	所属	ポジション	氏名
○○○○年○○月○○日	○○大学女子バレーボール部		

❶卒業までの競技目標

レギュラー選手に定着し、全日本学生選手権で優勝する

❷来シーズンの競技目標

重点目標

スパイクの威力とブロックの高さを向上させ、レギュラー定着を目指す

数値目標

項目	目標値
スパイク決定率	現在より5%向上

❷来シーズンに向けてのトレーニング目標

①形態面の目標（体重・体脂肪・各部位のサイズ等について）

重点目標

体脂肪率を現在より2%減少させる

数値目標（身長：170cm）　　　※達成率 (%)= 現在の値÷目標値× 100

種目	現在の値	来シーズンまでの目標値	現在の達成率
体重	60kg	60kg	100%
体脂肪率	20%	18%	90%

②体力面の目標

重点目標

ジャンプ力の向上（最高到達点を5cm向上させる）

一般的体力測定項目の目標値

種目	現在の値	来シーズンまでの目標値	現在の達成率
パワークリーン1RM	50kg(体重の0.8倍)	55kg(体重の0.9倍)	90%
スクワット1RM	90kg(体重の1.5倍)	100kg(体重の1.6倍)	90%
ベンチプレス1RM	45kg(体重の0.7倍)	50kg(体重の0.8倍)	90%
垂直跳び	55cm	58cm	94%

専門的体力測定項目の目標値

種目	現在の値	来シーズンまでの目標値	現在の達成率
最高到達点	2m75	2m80	98%
オーバーヘッドスロー	10m20	11m00	92%
反復横跳び	50回	53回	94%

4 トレーニングプログラムの作成

設定したトレーニング目標をもとにして、トレーニングプログラムの作成を行います。スポーツ選手の場合には、1年間に出場する試合の時期や重要度などを考慮して、期分けの考え方（P72参照）に基づき、数週間から数カ月の期間に分割してトレーニングプログラムを作成します。

一般の方については、当面実施する数週間から数カ月間のプログラムを作成し、その効果を確認しながら、以降のプログラムの展開を検討する方法を採用しても構いません。

5 プログラムの実施

作成したトレーニングプログラムを実際に行います。実施したトレーニング内容は記録用紙やノートなどに記入して保存しておきましょう。

作成したプログラムを実際に行ってみると、不都合な点が出てくる場合があります。特に、負荷の大きさや、種目数、セット数などについては、その日の体調に応じて微調整を行います。また、トレーニングの実施に伴い、疲労が蓄積する場合には、トレーニングの強度や量に強弱をつけたり、頻度を調節したりすることも必要です。

［トレーニング日誌のすすめ］

トレーニング日誌は、トレーニングを続けていく中で、自分の「成長記録」となり、将来のかけがえのない「財産」となってくれます。

トレーニング日誌では、1セットを終えるごとに、使用した重量と回数を必ず記録します。「〜kg×〜回」というような簡単な表記で構いません。最初は面倒に感じると思いますが、慣れてしまえば、トレーニングの一部として自然に実行できるようになります。

「トレーニングが終わったあとにまとめてつけよう」という考えはいけません。重量や回数は意外と忘れやすいものなのです。また、「今日は疲労が強いので軽めに変更」、「60kg×8回（回数自己ベスト！）」というように、トレーニング中の体調、プログラムの調整内容、特記事項などを、そのつど記録しておくと役立ちます。

6 トレーニング効果の把握

トレーニングを一定期間実施したあとには、トレーニング効果がどの程度現れているかについて確認を行います。

一般の方の場合には、日頃実施している各エクササイズの使用重量や反復回数の状況を確認するだけでも、トレーニング効果をある程度把握することができます。からだつきを変えたい人であれば、体重や体脂肪率、各部位のサイズの測定を行います。

スポーツ選手の場合には、実際の競技成績の変化や、専門スポーツと関連のある体力測定などを行い、トレーニングの効果を検討します。

トレーニング効果が把握できたら、効果が良好だった項目と思わしくなかった項目について整理し、これらの原因について検討するとともに、プログラム内容の調整を行います。

2 プログラムの構成要素と設定法

1 プログラム作成の基本原則

トレーニングを効果的に行うためには、人体がトレーニングに対してどのように反応（適応）するのかをよく理解して、この特徴をうまく活用することが重要となってきます。

人体のトレーニングに対する反応に関する最も基本的な理論として、「ルーの法則」があります。これは、「人体の機能は、適度に使えば発達するが、使わなければおとろえ、使いすぎれば傷害を起こしたり萎縮したりする」というものです。

また、筋力トレーニングのプログラムを作成する際には、次の2つの基本原則を考慮することが大切です。

❶漸進的過負荷の原則

トレーニング効果を得るためには、一定以上の条件（過負荷）で行い、トレーニング効果の改善が見られたら、これに応じて条件を少しずつ（漸進的に）高めていくことが必要であることを意味します。

筋力トレーニングでは、負荷の調整がとても重要であり、現在の筋力に応じて「ややきつい」と感じるレベルよりも大きな負荷をかけなければ、筋力を向上させることは困難です。

また、トレーニングによって筋力が向上しているにもかかわらず、同じ負荷でトレーニングを継続した場合には、筋力の向上は頭打ちになってしまいます。

❷特異性の原則

トレーニング効果は、実施したトレーニング内容に応じて（特異的に）現れることから、トレーニング効果を得るためには、改善したい動作や体力に合った条件でト

55

レーニングを実施することが必要であることを意味します。

　例えば、筋量を増やしたい場合と、筋力を向上させたい場合では、最も効果的な負荷の大きさや反復回数は異なります。目的に応じた負荷や回数でトレーニングを行わなければ十分な効果を得ることはできませ

ん。また、スポーツ選手の場合、専門とするスポーツによって各部位の動きや力の出し方などが異なります。スポーツのパフォーマンスを高めたい場合には、それぞれのスポーツ特性に応じた動作や条件でトレーニングを行う必要があるのです。

2 プログラムの構成要素（変数）

　筋力トレーニングのプログラムには、エクササイズ（トレーニング種目）、負荷、回数、セット数、セット間の休息時間など、さまざまな要素があり、これらを「変数」

と呼んでいます。プログラムを作成する際には、このような変数を、トレーニングを実施する人の特徴や目的などに応じて、適切に調整する必要があります。

表 3-3 **プログラムの構成要素**（変数）

効果的なプログラムを作成するためには、プログラムの各変数の意味と設定方法を理解しておくことが必要

❶エクササイズの選択
❷エクササイズの配列
❸負荷
❹回数
❺セット数
❻セット間の休息時間
❼動作スピード、可動範囲
❽トレーニング頻度
❾期分け
❿トレーニングシステム、テクニックなど

［トレーニング環境を見直そう］

　せっかく筋力トレーニングを開始しても、施設が遠すぎたり、通勤の経路から外れていたりする場合には、トレーニングが面倒になりがちです。また、トレーニング施設の閉館時間が早い場合には、残業など遅くなったときに、トレーニングができなくなってしまうことがあります。筋力トレーニングを長く継続するためには、トレーニング施設やトレーニング時間などの環境面を整えることが必要です。

3 エクササイズの選択方法

筋力トレーニングのエクササイズ（トレーニング種目）には、非常に多くの種類があり、そのバリエーションは数え切れないほど存在します。日常的に実践されているエクササイズの数は50〜100種類あり、現在存在するエクササイズは、バリエーションも含めると合計1000種類を超えると考えられます。

エクササイズを選ぶ際には、トレーニングを実施する人の経験やレベル、目的などを考慮します。

トレーニング経験が浅い人の場合には、動作がシンプルで難易度が低く、フォームの習得がたやすいエクササイズを選び、経験を積むにつれて、徐々に難易度を高め、さまざまなバリエーションを加えていくようにします。

初心者の場合には、全身の各部位がバランスよく動員されるように配慮しながら、大筋群（胸、背中、太ももなど）を動員するエクササイズを中心に選択すると効果的です。トレーニング経験を積んだ人の場合には、重点的に強化したい部位や、個人のトレーニング目的（筋肥大、筋力向上、シェイプアップなど）に応じたエクササイズの配分を増やしていきます。

スポーツ選手の場合には、筋力トレーニングの開始当初（特に高校生期）には、大筋群を動員する基本動作のエクササイズに重点を置くとともに、各部のエクササイズをバランスよく選択し、経験を積むにしたがって、専門スポーツの動きや体力要素、傷害を起こしやすい部位などに応じたエクササイズを増やしていきます。

表3-4 スポーツ選手における筋力トレーニングのエクササイズの分類

❶一般的エクササイズ

各競技に必要な筋肉量や筋力を効率よく養成するためのエクササイズ

❶主要エクササイズ

大筋群を動員する基本動作（押す・引く・立つなど）のエクササイズ

例）ベンチプレス、スクワット、パワークリーンなど

❷補助エクササイズ

主要エクササイズの補助手段として行うエクササイズ

各部位の個別強化、姿勢支持力の改善、傷害予防などを目的とする

❷専門的エクササイズ

競技パフォーマンスの向上を主目的としたエクササイズ

競技動作の筋力・パワー・スピード・筋持久力の改善などをねらう

4 負荷の手段とトレーニング器具

負荷の手段には、フリーウエイト（バーベルやダンベルのように自由な軌道でトレーニングを実施できる器具）、トレーニングマシン、チューブなどの器具を使用するものと、器具を使用せずに、自分の体重やパートナーの力を負荷として利用するものとがあります（P136〜参照）。

トレーニング器具には、フリーウエイトやトレーニングマシンのほかにも、さまざまものがありますが、使用にあたってはそれぞれの特徴を理解し、長所を生かすように配慮することが必要です。初心者の場合には、フォームの習得や姿勢の支持がたやすいトレーニングマシンを使用したエクサ

サイズが多く採用されますが、トレーニング経験を積み、体力レベルが向上してきたら、フリーウエイトを用いたエクササイズを増やすようにします。

トレーニングマシンの負荷抵抗方式は、積み重ねられた板状のウエイトにピンを差し込むことによって負荷調節を行う「ウエイトスタック方式」が主流となっており、ポジションによって負荷が変化する「可変抵抗方式」と、負荷が変化しない「一定抵抗方式」の2つのタイプがあります。その他の負荷抵抗方式として、油圧、空気圧、電磁抵抗といったものもあります（P136〜参照）。

表 3-5 フリーウエイトとトレーニングマシンの特徴

トレーニング器具の選択にあたっては両者の特徴を配慮し、長所を生かす工夫をすることが必要

※フリーウエイト：バーベルやダンベルなどのトレーニング器具のこと

項目	フリーウエイト	トレーニングマシン
安全性	注意が必要	高い
補助	ほとんどの種目で必要	ほとんど不要
動作の習得	むずかしい種目が多い	たやすい
種目数やバリエーション	非常に多い	少ない
動作の軌道	自由	ほとんどの場合一定
負荷の加わる方向	重力方向	さまざまな方向に対応可能
重力や慣性をコントロールする能力	養いやすい	養いにくい
各部位の筋肉を協調的に発揮する能力	養いやすい	養いにくい
達成感	高い	低い

5 エクササイズの配列方法

筋力トレーニングのプログラムにおいては、先に行ったエクササイズのほうが、あとに行ったエクササイズよりも大きな効果を得やすい傾向があります。プログラムの前半には、疲労が少なく高い集中力でトレーニングを行うことができますが、後半には、前半に行ったエクササイズによる疲労の影響を受けるからです。

エクササイズの配列にあたっては、次のことに配慮します（表3-6）。

❶大筋群のエクササイズは小筋群のエクササイズよりも先に行う

胸部・背部・大腿部などの大きな筋肉（大筋群）のエクササイズは、肩部・腕部・下腿部・腹部などの小さな筋肉（小筋群）のエクササイズよりも先に行うようにします。

例えば、ベンチプレスでは、大胸筋（大筋群）が主働筋として、三角筋や上腕三頭筋（いずれも小筋群）が共働筋として動員されますが、ベンチプレスの前に、肩や腕の筋肉のエクササイズを行った場合、これらの疲労によって、あとに実施するベンチプレスの使用重量や反復回数が低下してしまうことがあります。これに対して、ベンチプレスを行ったあとには、肩や腕のエクササイズを支障なく行うことができます。

❷多関節エクササイズは単関節エクササイズよりも先に行う

ベンチプレスやスクワットのように、動作中に複数の関節を使用する多関節エクササイズは、アームカールやレッグエクステンションのように1つの関節のみを使用する単関節エクササイズよりも多くの筋肉を動員し、高度なテクニックや姿勢支持力が要求されることから、疲労が少ないプログラムの前半に行ったほうが効果的です。

❸効果を上げたいエクササイズを先に行う

実施者にとって特に効果を上げたいエクササイズは、プログラムの前半に行うようにします。

例えば、腹筋のような体幹部のエクササイズは、通常プログラムの後半に行いますが、他の部位に比べて体幹部の筋力が弱く、改善が必要とされる場合には、プログラムの最初に実施してもかまいません。また、同じプログラムを長期にわたって継続していくと、プログラムの前半に行った大筋群のエクササイズに比べて、後半に行った小筋群のエクササイズの効果が十分に上がらないことがあります。このような場合には、エクササイズの順序を入れ替えて、小筋群のエクササイズを先に行う方法もあります。

❹筋力やパワーを向上させたいエクササイズは先に行う

最大筋力やパワーを向上させたいエクササイズについては、運動単位の動員の促進や、爆発的な筋力発揮など、神経系の機能改善が重要な課題となることから、できるだけプログラムの最初または前半の疲労していない状態で行うようにします。

❺姿勢支持筋のエクササイズはあとに行う

　姿勢支持に働く筋群のエクササイズは、原則としてプログラムの後半に実施します。例えば、スクワットの動作中、下背部をはじめとする体幹部の筋群は、胴体を正しい姿勢に保つために働いていますが、スクワットを行う前に、バックエクステンションのような脊柱起立筋を重点的に強化するエクササイズを行ってしまうと、体幹部の疲労によって正しい姿勢を維持することが困難となり、フォームが崩れてしまう危険性があります。

表 3-6 **エクササイズの配列の原則**

❶**大筋群のエクササイズ➡小筋群のエクササイズ** （胸部、背部、臀部、大腿部など）　　（肩部、腕部、下腿部、腹部など）
❷**多関節エクササイズ➡単関節エクササイズ**
❸**特に効果を上げたいエクササイズは先に行う**
❹**最大筋力やパワーを向上させたいエクササイズは先に行う**
❺**姿勢支持筋（体幹など）のエクササイズはあとに行う**

6 負荷設定の基準

　筋力トレーニングにおいて、目的に応じた効果を得るためには、負荷を適確に設定することが重要です。負荷を設定する際には次のような基準を用います。

❶RM法

　反復可能な最大の回数（最大反復回数）を基準にして負荷を決定する方法を「RM法」と呼んでいます。「RM」とは、最大反復回数を意味する英語表記 "Repetition Maximum" の頭文字をとったものであり、「RM」の前に数字をつけて「〜RM」と表記した場合には、「〜回反復できる最大の負荷」という意味になります。

　例えば、「5RM」は「5回反復できる負荷」であり6回目は反復できない負荷を意味します。また、「1RM」は「1回反復できる負荷」であり「最大挙上重量」を意味します。

❷パーセント法

　最大挙上重量（1RM）を100％とし、

これに対する割合(%)を基準にして負荷を決定する方法を「パーセント法」と呼んでいます。パーセント法を採用する場合には、最大挙上重量を把握することが必要であり、実際に最大挙上重量の挙上を試みる方法（表3-7）と、最大より軽めの重量を用いた反復回数から、対応表（表3-8）を用いて推定する方法（最大下テスト、表3-9）とがあります。初心者や一般人には、負担が少ない最大下テストが推奨されています。

なお、1RMの推定や、パーセントに応じた重量設定を行う際には、早見表（P62-63、表3-10、3-11参照）を使用する方法もあります。

表 3-7 **1RM テストの手順**

セット	負荷の目安	反復回数
1	50〜60%	8〜10回
2	75〜80%	3〜5回
3	85〜90%	1回
4	100%	1回
5	100%+2.5〜5kg	1回

※最大挙上重量の試技の前には、3セット程度のウォームアップを実施する
※4セット目に挙上できなかった場合には、次のセットで4セット目の重量よりも2.5〜5kg軽い重量で1回の試技を行う

表 3-8 **1RM に対する割合と反復回数の対応表**

%1RM	反復回数	%1RM	反復回数
100%	1回	77%	9回
95%	2回	75%	10回
93%	3回	70%	12回
90%	4回	67%	15回
87%	5回	65%	18回
85%	6回	60%	20回
80%	8回	60%以下	20回以上

※エクササイズやトレーニング経験などによって誤差が生じることがある

表 3-9 **反復回数から 1RM を推定する方法**（最大下テスト）

❶フォームを崩さずに5〜10回反復できる負荷を決定

❷最大反復回数を測定
反復が困難になった時点で、フォームを崩す前に測定を終了する

❸表を用いて1RMを推定
例）40kgで8回反復できた場合、表3−8より、8回反復できる重量は80%に相当することから、以下の計算により1RM推定値が算出できる
40kg ÷ 0.8 = 50kg

表 3-10 **1RM 推定表**

最大下テストによる特定重量の最大反復回数(RM)から最大挙上重量を推定すること
ができます

1RM 100%	2RM 95%	3RM 92.5%	4RM 90%	5RM 87.5%	6RM 85%	7RM 82.5%	8RM 80%	9RM 75.5%	10RM 75%	12RM 70%
120	115.0	110.0	107.5	105.0	102.5	100.0	97.5	92.5	90.0	85.0
115	110.0	105.0	102.5	100.0	97.5	95.0	92.5	90.0	87.5	80.0
110	105.0	100.0	100.0	97.5	92.5	90.0	87.5	85.0	82.5	77.5
105	100.0	97.5	95.0	92.5	90.0	87.5	85.0	80.0	77.5	72.5
100	95.0	92.5	90.0	87.5	85.0	82.5	80.0	77.5	75.0	70.0
95	90.0	87.5	85.5	82.5	80.0	77.5	77.5	72.5	70.0	67.5
90	85.0	82.5	80.0	77.5	77.5	75.0	72.5	70.0	67.5	62.5
85	80.0	77.5	77.5	75.0	72.5	70.0	67.5	65.0	62.5	60.0
80	75.0	75.0	72.5	70.0	67.5	65.0	65.0	62.5	60.0	57.5
75	70.0	70.0	67.5	65.0	65.0	60.0	60.0	57.5	55.0	52.5
70	67.5	65.0	62.5	60.0	60.0	57.5	57.5	55.0	52.5	50.0
65	62.5	60.0	57.5	57.5	55.0	52.5	52.5	50.0	47.5	45.0
60	57.5	55.5	55.0	52.5	50.0	50.0	47.5	47.5	45.0	42.5
55	52.5	50.0	50.0	47.5	47.5	45.0	45.0	42.5	42.5	37.5
50	47.5	45.0	45.0	42.5	42.5	40.0	40.0	37.5	37.5	35.0
45	42.5	40.0	40.0	37.5	37.5	35.0	35.0	32.5	32.5	30.0
40	37.5	35.0	35.0	35.0	32.5	32.5	30.0	30.0	30.0	27.5
35	32.5	30.0	30.0	30.0	27.5	27.5	27.5	25.0	25.0	22.5
30	27.5	27.5	25.0	25.0	25.0	22.5	22.5	22.5	22.5	20.0
25	22.5	22.5	22.5	20.0	20.0	20.0	20.0	17.5	17.5	17.5
20	17.5	17.5	17.5	17.5	15.0	15.0	15.0	15.0	15.0	12.5

〈40kg の重量で 8 回反復できた場合の例〉
8 回反復できたことから、1 行目の 8RM のところに指を置き、指を下方向スライドさせて 40kg
をみつけたら、指を左方向にスライドさせて右端の数字(50kg)を読みます。この場合、50kg が
最大挙上重量推定値(1RM 推定値)となります。

表 3-11 パーセンテージチャート

左端の最大挙上重量から設定した % の使用重量をすばやく把握することができます

2.5kg 単位

1RM最大挙上重量	40%	45%	50%	55%	60%	65%	70%	75%	80%	85%	90%	95%
20.0	7.5	7.5	10.0	10.0	10.0	12.5	12.5	15.0	15.0	15.0	17.5	17.5
22.5	7.5	10.0	10.0	10.0	12.5	12.5	15.0	15.0	17.5	17.5	20.0	20.0
25.0	10.0	10.0	12.5	12.5	15.0	15.0	17.5	17.5	20.0	20.0	22.5	22.5
27.5	10.0	12.5	12.5	15.0	15.0	17.5	17.5	20.0	20.0	22.5	22.5	25.0
30.0	12.5	12.5	15.0	17.5	17.5	20.0	20.0	22.5	25.0	25.0	27.5	27.5
32.5	12.5	15.0	17.5	17.5	20.0	20.0	22.5	25.0	25.0	27.5	30.0	30.0
35.0	15.0	15.0	17.5	20.0	20.0	22.5	25.0	25.0	27.5	30.0	30.0	32.5
37.5	15.0	17.5	20.0	20.0	22.5	25.0	25.0	27.5	30.0	32.5	35.0	35.0
40.0	15.0	17.5	20.0	22.5	25.0	25.0	27.5	30.0	32.5	35.0	35.0	37.5
42.5	17.5	20.0	22.5	22.5	25.0	27.5	30.0	32.5	35.0	35.0	37.5	40.0
45.0	17.5	20.0	22.5	25.0	27.5	30.0	32.5	32.5	35.0	37.5	40.0	42.5
47.5	20.0	22.5	25.0	25.0	27.5	30.0	32.5	35.0	37.5	40.0	42.5	45.0
50.0	20.0	22.5	25.0	27.5	30.0	32.5	35.0	37.5	40.0	42.5	45.0	47.5
52.5	20.0	22.5	27.5	30.0	32.5	35.0	37.5	40.0	42.5	45.0	47.5	50.0
55.0	22.5	25.0	27.5	30.0	32.5	35.0	37.5	40.0	45.0	47.5	50.0	52.5
57.5	22.5	25.0	30.0	32.5	35.0	37.5	40.0	42.5	45.0	47.5	52.5	55.0
60.0	25.0	27.5	30.0	32.5	35.0	40.0	42.5	45.0	47.5	50.0	55.0	57.5
62.5	25.0	27.5	32.5	35.0	37.5	40.0	45.0	47.5	50.0	52.5	55.0	60.0
65.0	25.0	30.0	32.5	35.0	40.0	42.5	45.0	47.5	52.5	55.0	57.5	62.5
67.5	27.5	30.0	35.0	37.5	40.0	45.0	47.5	50.0	55.0	57.5	60.0	65.0
70.0	27.5	32.5	35.0	37.5	42.5	45.0	50.0	52.5	55.0	60.0	62.5	67.5
72.5	30.0	32.5	37.5	40.0	42.5	47.5	50.0	55.0	57.5	62.5	65.0	70.0
75.0	30.0	32.5	37.5	42.5	45.0	47.5	52.5	55.0	60.0	62.5	67.5	70.0
77.5	30.0	35.0	40.0	42.5	47.5	50.0	55.0	57.5	62.5	65.0	70.0	72.5
80.0	32.5	35.0	40.0	45.0	47.5	52.5	55.0	60.0	65.0	67.5	72.5	75.0
82.5	32.5	37.5	42.5	45.0	50.0	52.5	57.5	62.5	65.0	70.0	75.0	77.5
85.0	35.0	37.5	42.5	47.5	50.0	55.0	60.0	62.5	67.5	72.5	77.5	80.0
87.5	35.0	40.0	45.0	47.5	52.5	57.5	60.0	65.0	70.0	75.0	77.5	82.5
90.0	35.0	40.0	45.0	50.0	55.0	57.5	62.5	67.5	72.5	75.0	80.0	85.0
92.5	37.5	42.5	47.5	50.0	55.0	60.0	65.0	70.0	75.0	77.5	82.5	87.5
95.0	37.5	42.5	47.5	52.5	57.5	62.5	67.5	70.0	75.0	80.0	85.0	90.0
97.5	40.0	45.0	50.0	52.5	57.5	62.5	67.5	72.5	77.5	82.5	87.5	92.5
100.0	40.0	45.0	50.0	55.0	60.0	65.0	70.0	75.0	80.0	85.0	90.0	95.0
102.5	40.0	45.0	52.5	57.5	62.5	67.5	72.5	77.5	82.5	87.5	92.5	97.5
105.0	42.5	47.5	52.5	57.5	62.5	67.5	72.5	77.5	85.0	90.0	95.0	100.0
107.5	42.5	47.5	55.0	60.0	65.0	70.0	75.0	80.0	85.0	90.0	97.5	102.5
110.0	45.0	50.0	55.0	60.0	65.0	72.5	77.5	82.5	87.5	92.5	100.0	105.0
112.5	45.0	50.0	57.5	62.5	67.5	72.5	80.0	85.0	90.0	95.0	102.5	107.5
115.0	45.0	52.5	57.5	62.5	70.0	75.0	80.0	85.0	92.5	97.5	102.5	110.0
117.5	47.5	52.5	60.0	65.0	70.0	77.5	82.5	87.5	95.0	100.0	105.0	112.5
120.0	47.5	55.0	60.0	65.0	72.5	77.5	85.0	90.0	95.0	102.5	107.5	115.0

トレーニング目的に応じた負荷や回数、セット間の休息、セット数などの条件設定の目安を紹介します。トレーニングの実施にあたっては、トレーニング経験や体力レベル、個人差などに応じて微調整することを心掛けてください。

なお、各トレーニング効果のメカニズムについては、基礎知識編のP35～47を参照してください。

❶筋肥大

筋肥大を目的とした場合には、軽めの負荷で数セットのウォームアップを実施したあと、1RMの70～85%（6～12RM）の負荷を用いて、6～12回の最大限の反復（最大反復）を、30～90秒間の休息時間をはさんで2～3セット以上行います。

筋肥大を目的としたトレーニングは、各セットともに、最大限の反復を行い、筋肉が疲労困憊の状態になるまで追い込むことによって、代謝産物を筋肉に蓄積させて成長ホルモンの分泌を促進させることをねらいます。

セット間の休息はできるだけ短くして、前のセットの疲労が回復する前に次のセットを開始するのがポイントです。ウエイトを下ろす動作は、脱力せずにゆっくりと行うことによって、適度な筋損傷を引き起こし、その後の筋の修復の効果をねらいます。

❷筋力向上

筋力（最大筋力）の向上を目的とした場合には、数セットのウォームアップを実施

したあと、1RMの85%（6RM）以上の高負荷を用いて、1～5回の全力による反復を、2～5分の休息時間をはさんで2セット以上行います。

筋力向上を目的としたトレーニングは、神経系の機能改善をねらうことから、各セットとも、疲労困憊するまで追い込むのではなく、あと数回反復できる程度の余裕を持ってセットを終えてもかまいません。各反復は全力スピードで行います。セット間には、前のセットの疲労が回復するまで、十分な休息時間を確保することもポイントです。

❸パワー向上

パワーの向上に適したトレーニング条件は、エクササイズ（トレーニング動作）やパワーの発揮形態などによって異なります（P44参照）。

例えば、バーベルをかついで直立した姿勢から、一度しゃがんで全力スピードで上方にジャンプする「スクワットジャンプ」のようなエクササイズでは、1回の単発的なパワーを高めたい場合には、1RMの50～80%の負荷を用いて1～5回の反復を、連続的に発揮するパワーを高めたい場合には、1RMの30～60%の負荷を用いて5～10回の反復を行います。

一方、ウエイトリフティング競技に採用されているクリーンやスナッチに代表される爆発的に挙上する動作を含むエクササイズ（総称：クイックリフト）では、1

回の単発的なパワーを高めたい場合には、1RM の 80 〜 90% の負荷を用いて 1 〜 2 回の反復を、連続的に発揮するパワーを高めたい場合には、1RM の 75 〜 85% の負荷を用いて、3 〜 5 回の反復を行います。

なお、スポーツの動作パワーの向上を目的とした専門的エクササイズの場合には、実際の競技場面で加わる負荷の大きさや動作スピード、運動時間などを考慮し、これらとできるだけ近い条件で実施します。詳細については、プログラム編第 5 章を参照してください。

［有効限界と安全限界］

筋力トレーニングで筋力向上を目指す場合、最大の 85% 以上の負荷を用いることが効果的であるとされています。しかし、それ以下の負荷でも、筋力向上の効果が得られないわけではありません。負荷を軽減するほど効果は低下する傾向がありますが、効果が期待できる下限のことを「有効限界」と呼んでいます。

一方、負荷を上げていくと、あるレベルからケガのリスクが高まっていきます。この上限を「安全限界」と呼んでいます。すなわち、負荷が軽いほど安全性は高いが効果が低くなりやすく、負荷を高めていくと、効果は高まるが安全性は低下しやすくなる

ということです。

アスリートの場合、競技力向上に向けて限られた期間内に、より高いトレーニング効果を目指すことから、有効限界を超える負荷設定が必要となり、ケガのリスクを負いながらトレーニングを行うことが求められます。これに対して、一般の方の場合は、効果は最大とはいえないものの、安全限界を上回ることなく、ケガのリスクをできるだけ抑えたトレーニングを優先すべきといえます。筋力トレーニングを長く継続するためには、トレーニング施設やトレーニング時間などの環境面を整えることが必要です。

表 3-12 **目的に応じたトレーニング条件の目安**

目的	筋肥大	筋力向上
負荷	6〜12RM	1〜6RM
	70〜85%	85%以上
反復回数	6〜12回（最大反復）	1〜5回
休息時間	30〜90秒	2〜5分

表 3-13 **パワー向上を目的としたトレーニング条件の目安**

エクササイズ	クイックリフト（パワークリーンなど）		スクワットジャンプなど		競技動作を再現した動きのエクササイズ
パワーの種類	単発的パワー	連続的パワー	単発的パワー	連続的パワー	競技特性を考慮して決定
強度	80〜90%	75〜85%	50〜80%	30〜60%	
回数	1〜2回	3〜5回	5回以内	5〜10回	
セット数	3〜5セット				
セット間の休息時間	2〜5分				

菅野の表を改変、「トレーニング指導者テキスト実践編」ベースボール・マガジン社より

1つのエクササイズについて、特定の回数の反復を行った場合、これを1つの単位として「セット」と呼びます。例えば、ベンチプレスを10回反復した場合、ベンチプレスを1セット行ったことになります。セットの組み方には次のような種類があります。

❶シングルセット法

各エクササイズについて、1種目1セットずつ、種目間に休息をとりながら実施する方法です。初心者に多く採用されます。

❷マルチセット法

1つのエクササイズについて、休息をとりながら数セット連続して行う方法です。筋肥大や筋力向上を目的とした場合に採用されます。

❸サーキットセット法

8〜10種目程度のエクササイズを、休息をほとんどとらずに1セットずつ実施し、これを数循環繰り返す方法です。筋力トレーニングによって身体各部位に適度なトレーニング刺激を与えるとともに、有酸素性持久力など他の体力要素も総合的に向上させたい場合に採用されます。サーキットセット法を用いたプログラムには、サーキットウエイトトレーニングや、スーパーサーキットウエイトトレーニングなどがあります。

［筋肥大を抑えて筋力やパワーの向上を目指す場合］

ボクシングや柔道、レスリングといった体重階級制のスポーツ選手の場合、筋力トレーニングによって、筋肉量が増えて体重が増えると、減量がきつくなったり、階級を上げざるを得なくなったりすることがあります。

筋肉量をできるだけ増やさずに、筋力やパワーを向上させるためには、基本的には高負荷・低回数で、最大反復を行わず、長い休息時間のトレーニングを採用します。筋肥大をもたらす10RM前後の負荷を用いた最大反復のトレーニングや、筋肉がパンプアップするようなトレーニングは極力避けるようにします。

なお、体重階級制のスポーツ選手の場合、20回以上反復できるごく軽い負荷を用いて、30〜50回の反復を粘り強く行い、筋持久力の向上を目指す場合もあります。

9 セットごとの重量や回数の設定

❶重量固定法

軽い負荷でウォームアップを行ったあと、すべてのセットについて同じ重量でトレーニングを行う方法です。セットごとに負荷を変更する必要がないことや、反復回数の増加に応じて重量を増やすことによって、適切な負荷に調整しやすいことなどから、初心者でも手軽に実施できる方法です。

表 3-14 **重量固定法の実施例❶**（初心者がフォーム習得を目的とした場合）

セット	負荷		回数
1	12〜20RM	×	10回
2	12〜20RM	×	10回
3	12〜20RM	×	10回

※セット間の休息時間は 1 〜 2 分

表 3-15 **重量固定法の実施例❷**（初心者が反復回数の増加や挙上重量の向上を目的とした場合）

初回	4週間後	5週目以降
❶70%×10回 ❷70%× 9 回 ❸70%× 8 回	❶70%×10回 ❷70%×10回 ❸70%×10回	❶75%×10回 ❷75%× 9 回 ❸75%× 8 回
10 回 3 セット試みるが、セットごとに回数が減ってしまう	2 セット目と 3 セット目に 10 回の反復が可能になる	反復回数の増加に応じて負荷を高める

※セット間の休息時間は 2 分程度

❷ピラミッド法

セットごとに負荷を増やす場合には回数を減らし、負荷を減らす場合には回数を増やす方法です。ピラミッド法は筋力向上を目的とした場合に採用されることが多く、さまざまなバリエーションがあります（図3-2）。

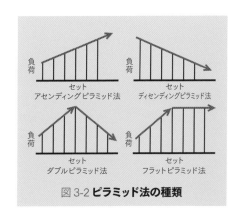

図 3-2 **ピラミッド法の種類**

❸ウエイトリダクション法

　数セットのウォームアップを行ったあと、セットごとに重量を減らす方法です。これによって、各セットともに、目標反復回数にて最大反復に到達することをねらいます。筋肥大を目的とした場合に多く採用されます（表3-16）。

　筋肥大のためには、目標反復回数を6～12回に設定し、各セットで限界まで反復する方法が用いられます。セット間の休息が30～90秒と短く、次のセットでは、前セットと同じ重量では疲労の影響で反復回数が減ってしまうことから、目標反復回数が実施できるレベルまで重量を減らすのがポイントです。

表3-16 **ウエイトリダクション法の実施例**（トレーニング経験を積んだ人が筋肥大を目的とした場合）

セット	負荷		回数	
1	50%	×	10回	ウォームアップ
2	70%	×	5回	ウォームアップ
3	75～80%	×	8～10回	最大反復
4	70～75%	×	8～10回	最大反復
5	65～70%	×	8～10回	最大反復

※セット間の休息時間は30～90秒
※3セット目以降、8～10回の目標反復回数にて最大反復に達するように負荷の調整を行う

［セット間の休息時間の過ごし方］

　セット間にパートナーの人と話をしていると、休息時間がいつの間にか長くなってしまうことがあります。セット間の休息時間は、筋肥大を目的とした場合には30～90秒、筋力向上やパワー向上を目的とした場合には2～5分が目安となります。休息時間は、長すぎても短すぎても最適な効果を上げることができません。ベテランの中には休息時間を感覚で決めている人が少なくありませんが、慣れるまでは時計を使用して決められた休息時間をきっちり守るようにしましょう。休息時間を計る際には、ストップウォッチよりも、ボタンが大きめのキッチンタイマーが便利です。

　セット間の休息時間には、目的に応じた効果的な過ごし方があります。例えば、筋肥大を目的とした場合には、使用した部位を伸ばして静止するストレッチングを行ったり、使用している筋肉に意識的に力を入れたりすると、血流を一時的に低下させ、パンプアップを促進することができます。一方、筋力やパワーの向上を目的とした場合には、前のセットによる疲労の回復を図るために、じっとして座り込むのではなく、からだをほぐしながら歩いたり、動的な体操をするとよいでしょう。

トレーニング頻度とは、「週何回行うか」というように、一定期間内に実施するトレーニングの回数を意味します。筋力トレーニングの頻度は、主としてトレーニングによる疲労度や組織のダメージ（筋損傷など）の状態、トレーニング後の回復に要する時間などによって決定します。

筋力トレーニングによって筋損傷が起こった場合、回復には通常 48 ～ 72 時間（2 ～ 3 日）を要するといわれています。このため、筋力トレーニングの頻度は、同じ内容のプログラムを毎回実施する場合に

は、中 2 ～ 3 日空けて週 2 ～ 3 回実施するのが目安とされています。プログラムを分割する場合（次項参照）には、週 4 回程度まで頻度を増やすことも可能です。

トレーニング頻度の決定にあたっては、トレーニングの内容のほか、年齢、仕事や学業の内容、食事、睡眠、精神的ストレスの状況などについても配慮することが必要です。また、スポーツ選手の場合には、筋力トレーニング以外の体力トレーニングや技術練習の内容、競技シーズン等について考慮します。

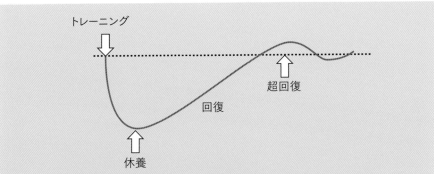

トレーニング後に適切な休息をとることによって、トレーニング前よりもよい状態に回復する

図 3-3 **超回復現象**

表 3-17 **トレーニング部位と強度の違いによる回復日数の目安**

トレーニング部位	回復日数		
	低強度 19RM	中強度 8～12RM	高強度 3～6RM
下背部	3日	4日	5日
胸部・上背部・大腿部	2日	3日	4日
肩部・上腕部	2日	2.5日	3日
前腕部・下腿部・腹部	1日	1.5日	2日

筋力トレーニングの開始当初は、1回のトレーニングでからだの各部位の基本的なエクササイズをまんべんなく行うプログラムを採用しますが、トレーニング経験を積むにしたがって、実施したいエクササイズの数が増えたり、トレーニングの強度や量が高まったりして、1回のトレーニングではすべてのエクササイズを効果的に行うことがむずかしくなります。

このような場合には、プログラムを2つ以上のコースに分割することによって、トレーニングの強度や質を落とすことなく、1回あたりのトレーニング量や所要時間をコントロールすることができます。また、プログラムを上半身と下半身の2つに分割した場合、上半身のトレーニングを行った日には、下半身のトレーニングによる疲労を回復させることができるため、週間頻度を高めたとしても適切な休息時間を確保することができます（表3-18）。

スポーツ選手の場合、技術練習の終了後に筋力トレーニングを行うことが多く、トレーニングの時間や量をあまり多くすることができません。このため、分割法が多く採用されています。

分割を実施する際には、各コース相互の疲労の影響や、トレーニング部位による回復時間の違いなどを考慮します。例えば、ショルダープレスのような肩部のエクササイズを行った翌日にベンチプレスのような胸のエクササイズを行うと、肩の疲労によって胸のエクササイズの使用重量や反復回数が低下することがあります。このような場合には、胸のエクササイズを行う日を肩のエクササイズを行う日よりも前に配置したり、胸と肩のエクササイズを同じ日に実施したりするなどの対応を検討します。

特に強化したい部位やエクササイズがある場合には、該当するエクササイズを各コースに振り分け、それぞれのコースの序盤（または最初）に実施する方法も効果的です。強化したいエクササイズを先に行うことによって、疲労していない状態で集中して質の高いトレーニングができます。

第3章 プログラム編 プログラム作成のための基本事項

表3-18 **プログラムの分割例**

❹上半身 ❺下半身	❹胸・背 ❺肩・腕 ❻脚・体幹	❹胸・肩・上腕伸筋 ❺背・上腕屈筋 ❻脚・体幹
上半身と下半身の分割	上半身の拮抗筋を同じ日に行う方法	上半身の共働筋を 同じ日に行う方法

12 プログラムの期分け

一定期間ごとにプログラムに変化を加える手法を「期分け（ピリオダイゼーション：Periodization）」、または「周期化」と呼んでいます。

開始当初は順調に効果が上がっているプログラムでも、長期にわたって実施していくと、徐々に効果が頭打ち（プラトー）になり、現状維持どころか効果が減退してしまうこともあります。このような現象は、無意識のうちに起こる「オーバーワーク」や、トレーニング刺激のマンネリ化、精神的な飽きなどが要因となっています。長期にわたって効果を得るためには、トレーニングに対するからだの反応を理解し、からだがマイナスの反応を起こす前に計画的にプログラムを変化させる必要があります。

プログラムの期分けは、トレーニングの一般的（一次的）効果を、専門的（二次的）効果に転換する（専門用語では「転化」という）ための有効な手段としても活用されています。例えば、ベンチプレスのような一般的エクササイズの挙上重量の向上を、スポーツ動作や日常生活動作のパフォーマンス向上に役立てるためには、「期分け」を用いると効果的です。

「期分け」の手法は、従来、スポーツ選手が目標とする試合で優れたパフォーマンスを発揮するために考案されたものです。しかし、現在では、一般人のフィットネスの分野でも、長年にわたってトレーニング効果を維持増進することを目的として、積極的に採用されるようになっています。

表 3-19 **筋力トレーニングの期分けの基本モデル**（スポーツ選手の場合）

マクロサイクル （1年間）	準備期			試合期		移行期
メソサイクル （数週間～数カ月）	筋肥大期	筋力養成期	パワー養成期	ピーキング期	維持期	移行期
ミクロサイクル （数日～1週間）						

表 3-20 **期分けの例**（一般人の場合）

月	1	2	3	4	5	6	7	8	9	10	11	12
期分け	導入期	筋肥大期	筋力向上期	アクティブレスト期	筋肥大期	筋力向上期	アクティブレスト期	筋肥大期	筋力向上期	アクティブレスト期		

第4章

一般向けモデルプログラム

この章では、一般の方を対象とした
具体的な筋力トレーニングのプログラムを紹介します。

1 初心者のためのプログラム

初めて筋力トレーニングを実施する人を対象とした12週間の段階的プログラムを紹介します。

初心者が筋力トレーニングを開始すると、最初の数カ月間に、神経系の著しい改善によって使用重量が急激に向上する「初期効果」を得ることができます（P42参照）。このような変化が実感できると、「もっと大きな効果を上げたい」という意欲がわき、その後のトレーニングの継続にプラスの影響が期待できます。

このプログラムは、4つの段階で構成されており、基本的なエクササイズの正しいフォームを習得しながら無理なくエクササイズの数や重量を増やし、安全かつ効率的に初期効果を得ることを目的としています。

初心者の人には、次項に紹介する「目的に応じたプログラム」を実施する前に、この初心者向けプログラムを実施することをおすすめします。

ここで紹介するプログラムは、トレーニングジムなどでマシンやダンベルが使用できる環境を想定した内容となっていますが、器具が使用できない場合には、代用のエクササイズも併記していますので参照してください。

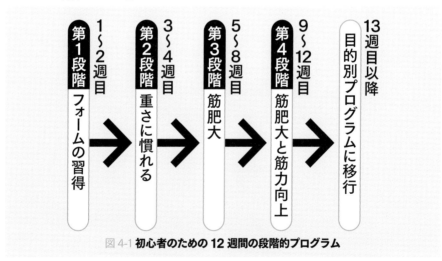

第1段階 1〜2週目 フォームの習得 → 第2段階 3〜4週目 重さに慣れる → 第3段階 5〜8週目 筋肥大 → 第4段階 9〜12週目 筋肥大と筋力向上 → 13週目以降 目的別プログラムに移行

図 4-1 **初心者のための12週間の段階的プログラム**

表 4-1 **初心者向け段階的プログラムの主要エクササイズの条件設定**

週	目的	種目数	負荷	回数	セット数	休息(秒)
1〜2	**フォーム習得**	5〜8	20RM	10	1〜2	60〜90
3〜4	**重さに慣れる**	8〜10	12〜15RM	10〜12	2〜3	60〜90
5〜8	**筋肥大**	8〜10	8〜12RM	8〜10	2〜3	60
9〜12	**筋肥大および筋力向上**	10〜12	6〜10RM	5〜10	2〜4	60〜120※

※種目によって異なる

表 4-2 **第 1 段階のプログラム**

期間：第 1 ～ 2 週(週 2 ～ 3 回、中 1 ～ 3 日空けて実施)　目的：正しいフォームを習得する
実施方法：すべてのエクササイズを 1 セットずつ実施し、これを 2 循環する

No	エクササイズ	器具がない場合の代用エクササイズ	使用部位	負荷	回数	セット数	休息時間	ページ
1	チェストプレス(マシン)	プッシュアップ(体重負荷)	胸部					P143
2	レッグプレス(マシン)	スクワット(チューブ)または片脚スクワット(体重負荷)	大腿前部・臀部					P172
3	ラットプルダウン(マシン)	ラットプルダウン(チューブ)またはシーティッドロウ(チューブ)	上背部	20RM	10回	2セット	60～90秒	P148
4	レッグカール(マシン)	ヒップリフト(体重負荷)	大腿後部					P178
5	サイドレイズ(ダンベル)	サイドレイズ(チューブ)	肩部					P154
6	クランチ(体重負荷)	同左	腹部					P183

●各エクササイズの正しい動作の習得に努めます。専門家にアドバイスを受け、フォームのチェックを受けることをおすすめします。●トレーニング動作は、ゆっくりとした一定スピードを心がけます。下ろす動作、上げる動作ともに 2 秒を目安に行います。●「物足りない」と感じる程度の内容で構いません。

表 4-3 **第 2 段階のプログラム**

期間：第 3 ～ 4 週(週 2 ～ 3 回、中 1 ～ 3 日空けて実施)　目的：重さに慣れる
実施方法：すべてのエクササイズを 1 セットずつ実施し、これを 2 循環する

No	エクササイズ	器具がない場合の代用エクササイズ	使用部位	負荷	回数	セット数	休息時間	ページ
1	チェストプレス(マシン)	プッシュアップ(体重負荷)	胸部					P143
2	レッグプレス(マシン)	スクワット(チューブ)または片脚スクワット(体重負荷)	大腿前部・臀部					P172
3	ラットプルダウン(マシン)	ラットプルダウン(チューブ)またはシーティッドロウ(チューブ)	上背部					P148
4	レッグカール(マシン)	ヒップリフト(体重負荷)	大腿後部	12～10回	10回	2セット	60～90秒	P178
5	サイドレイズ(ダンベル)	サイドレイズ(チューブ)	肩部					P154
6	レッグエクステンション(マシン)	レッグエクステンション(チューブ)またはシシースクワット(体重負荷)	大腿前部					P174
7	スタンディングダンベルカール(ダンベル)	アームカール(チューブ)	上腕二頭筋					P162
8	クランチ(体重負荷)	同左	腹部	15RM	15回			P183

●各エクササイズの動作の完成度を高めていきます。●トレーニング動作は、ゆっくりとした一定スピードを心がけます。下ろす動作、上げる動作ともに 2 秒を目安に行います。●負荷が軽く感じられた場合や、余裕を持ってセットを終えることができた場合は、回数を 2 回程度増やすか、負荷を増やして対応します。

表 4-4 **第3段階のプログラム**

期間：第5〜8週（週2〜3回、中1〜3日空けて実施）目的：筋肥大
実施方法：各エクササイズについて連続して所定のセット数を実施する

No	エクササイズ	器具がない場合の代用エクササイズ	使用部位	負荷	回数	セット数	休息時間	ページ
1	チェストプレス（マシン）	プッシュアップ（体重負荷）	胸部	8〜12RM	8〜12回	3セット		P143
2	ラットプルダウン（マシン）	ラットプルダウン（チューブ）	上背部	8〜12RM	8〜12回	2セット		P148
3	ワンハンドダンベルロウ（ダンベル）	シーティッドロウ（チューブ）	上背部	8〜12RM	8〜12回	2セット		P146
4	ショルダープレス（マシン）	ショルダープレス（チューブ）	肩部	8〜12RM	8〜12回	2セット		P151
5	スタンディングダンベルカール(ダンベル)	アームカール（チューブ）	上腕二頭筋	8〜12RM	8〜12回	2セット	60秒	P162
6	トライセプスプレスダウン(マシン)	トライセプスプレスダウン（チューブ）	上腕三頭筋	8〜12RM	8〜12回	2セット		P165
7	レッグプレス（マシン）	スクワット（チューブ）または片脚スクワット（体重負荷）	大腿前部・臀部	8〜12RM	8〜12回	3セット		P172
8	レッグエクステンション（マシン）	レッグエクステンション（チューブ）またはシシースクワット（体重負荷）	大腿前部	8〜12RM	8〜12回	2セット		P174
9	レッグカール（マシン）	ヒップリフト（体重負荷）	大腿後部	8〜12RM	8〜12回	2セット		P178
10	クランチ（体重負荷）	同左	腹部	12RM	12回	2セット		P183

 ●各エクササイズについてフォームが崩れない範囲で、できる限り多く反復します。●前回より2回多く反復できるようになったら、負荷を少し増やします。

表 4-5 **第 4 段階のプログラム**

期間：第 9 〜 12 週（週 3 回、A コースと B コースを交互に中 1 〜 2 日空けて実施）目的：筋肥大、チェストプレスとレッグプレスの筋力向上　実施方法：各エクササイズについて連続して所定のセットを行う

Aコース

No	エクササイズ	器具がない場合の代用エクササイズ	使用部位	負荷	回数	セット数	休息時間	ページ
1	チェストプレス（マシン）	プッシュアップ（体重負荷）	胸部	6〜8RM（80〜85%1RM）	5回	3セット	120秒	P143
2	ラットプルダウン（マシン）	ラットプルダウン（チューブ）	上背部	8〜10RM	8〜10回	2セット	60秒	P148
3	ワンハンドダンベルロウ（ダンベル）	シーティッドロウ（チューブ）	上背部	8〜10RM	8〜10回	2セット	60秒	P146
4	ショルダープレス（マシン）	ショルダープレス（チューブ）	肩部	8〜10RM	8〜10回	3セット	60秒	P151
5	サイドレイズ（ダンベル）	サイドレイズ（チューブ）	肩部	8〜10RM	8〜10回	2セット	60秒	P154
6	スタンディングダンベルカール（ダンベル）	アームカール（チューブ）	上腕二頭筋	8〜10RM	8〜10回	2セット	60秒	P162
7	クランチ（体重負荷）	同左	腹部	10RM	12回	2セット	60秒	P183

Bコース

No	エクササイズ	器具がない場合の代用エクササイズ	使用部位	負荷	回数	セット数	休息時間	ページ
1	レッグプレス（マシン）	スクワット（チューブ）または片脚スクワット（体重負荷）	大腿前部・臀部	6〜8RM（80〜85%1RM）	5回	3セット	120秒	P172
2	フォワードランジ（ダンベル）	ステップアップ（体重負荷）	大腿前部・臀部	5〜10kgダンベル	12回	2セット	60秒	P173
3	レッグエクステンション（マシン）	レッグエクステンション（チューブ）またはシシースクワット（体重負荷）	大腿前部	8〜10RM	8〜10回	3セット	60秒	P174
4	レッグカール（マシン）	ヒップリフト（体重負荷）	大腿後部	8〜10RM	8〜10回	3セット	60秒	P178
5	バックエクステンション（体重負荷）	同左	下背部	12RM	12回	2セット	60秒	P189
6	ダンベルサイドベンド（ダンベル）	サイドベンド（チューブ）	側腹部	12RM	12回	2セット	60秒	P190

ポイント ●プログラムの開始にあたって、チェストプレスとレッグプレスの最大挙上重量の測定を行います（P61 参照）。●チェストプレスとレッグプレスについては、できるだけすばやく挙上します。●上記以外のエクササイズについては、下ろす動作、上げる動作ともに 2 秒を目安に一定のスピードで行います。●各エクササイズともに、前回より 2 回多く反復できるようになったら、負荷を少し増やします。

2 目的に応じたプログラム

初心者向けのプログラムを実施して、筋力トレーニングの基本動作をマスターし、ある程度の筋力が養成できたら、個人の目的に応じたプログラムへと移行していきます。ここでは、からだづくり、筋力向上、シェイプアップの各目的に応じたプログラムを紹介します。

プログラムにおいては、主にトレーニング器具を使用したエクササイズが採用されていますが、器具が使用できない場合には、実技編の「器具がない場合」に掲載された代用種目を実施してもかまいません。

1 からだづくりのためのプログラム

筋力トレーニングによる筋肥大の効果は、男性の場合にはたくましいからだづくりに、女性の場合には見映えのよいプロポーションづくりに役立てることができます。また、筋力トレーニングによって筋肉量を増やすこ とは、エネルギー消費量を増大させ、太りにくいからだをつくることにもつながります。

ここでは、代表的なプログラムとともに、16週間（4カ月間）にわたるプログラムの展開例を紹介します。

表 4-6 **からだづくりのためのプログラム**（各条件の目安）

エクササイズ	現在の体型や各部位の筋肉の発達度などを考慮して、各部位について1〜3種類のエクササイズを選択
負荷	8〜12RM（1RMの70〜80%）
反復回数	8〜12回（最大反復）
セット数	1つのエクササイズについて2〜3セット以上
セット間の休息時間	30〜90秒
頻度	週3回（中1〜2日空ける）

表 4-7 **からだづくりのためのプログラム例**

トレーニング頻度：週3回、AコースとBコースを交互に中1〜2日空けて実施

Aコース（上半身）

No	エクササイズ	使用部位	セット数	負荷	回数	休息時間	ページ
1	ベンチプレス（バーベル）	胸部	3セット				P136
2	ダンベルフライ（ダンベル）	胸部	3セット				P138
3	ラットプルダウン（マシン）	上背部	3セット				P148
4	ワンハンドダンベルロウ（ダンベル）	上背部	2セット				P146
5	ショルダープレス（マシン）	肩部	3セット	8〜12RM	8〜12回	30〜60秒	P160
6	サイドレイズ（ダンベル）	肩部	2セット				P154
7	バーベルカール（バーベル）	上腕二頭筋	2セット				P161
8	コンセントレーションカール（ダンベル）	上腕二頭筋	2セット				P163
9	ライイングトライセプスエクステンション（バーベル）	上腕三頭筋	2セット				P164
10	トライセプスプレスダウン（マシン）	上腕三頭筋	2セット				P165

Bコース（下半身と体幹）

No	エクササイズ	使用部位	セット数	負荷	回数	休息時間	ページ
1	スクワット（バーベル）	大腿前部・臀部	3セット	8〜12RM	8〜12回	30〜90秒	P169
2	レッグプレス（マシン）	大腿前部・臀部	3セット				P172
3	レッグエクステンション（マシン）	大腿前部	3セット				P174
4	スティッフレッグドデッドリフト（バーベル）	大腿後部・臀部	3セット				P177
5	レッグカール（マシン）	大腿後部	3セット				P178
6	スタンディングカーフレイズ（マシン）	下腿部	2セット				P180
7	クランチ（自体重）	腹部	2セット	15RM	15回		P183
8	ライイングサイドベンド（自体重）	腹部	2セット				P187
9	バックエクステンション（自体重）	下背部	2セット				P189

●各部位についてバランスよくトレーニングするために、全体のプログラムを2つのコースに分割します。●ウエイトを上げる動作と下ろす動作の両方について、それぞれ2秒程度の一定スピードで行うことがポイントです。フォームを崩したり、反動を使ったりして無理に反復を行うことは避けましょう。●トレーニング経験を積んだ人がより大きな効果を目指す場合には、フォーストレップス法（P83参照）のようなテクニックを採用します。●筋肥大のためには、トレーニングを行うために必要なエネルギーを十分に摂ることや、筋肉の材料となるタンパク質を必要量摂取することが不可欠です。プログラムの実施にあたっては、食事の改善についても検討してみましょう。

●重さを決定する際には、おおよそ10回程度で限界に達するくらいの重量にセットして、実際に反復できる回数を調べてみます。実際に反復できた回数が、8〜12回の範囲であればその重さを使用します。もし、反復回数が回以下だった場合には、次のセットの重量を軽くして、目標とする反復回数の範囲内になるように調整します。逆に、反復できる回数が12回を超えた場合には、次のセットで重量を増やしてください。●前回のトレーニングよりも、反復回数が2増加したら、次回から重量をわずかに増量するようにします。●1つのエクササイズについて2セット以上実施する場合、疲労の影響を考慮して、セット毎に重量を少しずつ減らしても構いません。例えば、1セット目に10回の反復で限界に達した場合、1分の休息をはさんで、同じ重量で反復を行うと、疲労の影響で回数が減ってしまいます。このような場合には、2セット目に目標とする回数（8〜12回）の反復が行えるようにするために、重量を減らすことが必要となります。

表 4-8 からだづくりを目的とした **16週間**（4ヵ月間）**の期分けプログラム例**

No	トレーニング期	期間	エクササイズ数	負荷	回数
1	導入期	2週間	7種目	15〜20RM	12回
2	第1期	4週間	12種目	12RM	12回
3	第2期	4週間	15種目	10RM	10回
4	第3期	4週間	15種目	8RM	8回
5	アクティブレスト期	2週間	●筋力トレーニング以外の運動を中心に実施 ●筋力トレーニングを行う場合はごく軽く		

1 導入期のプログラム（週2回・2週間）

チェストプレス
ラットプルダウン
ショルダープレス
レッグプレス
レッグエクステンション
レッグカール
トランクカール
各15〜20RM×10回×2セット

2 第1期のプログラム（週2回・4週間）

スクワット
レッグエクステンション
レッグカール
ベンチプレス
バーティカルチェスト
ラットプルダウン
シーティッドロウ
ショルダープレス
サイドレイズ
バーベルカール
トライセプスプレスダウン
トランクカール
各12RM×10〜12回×2セット

3 第2期のプログラム（各コース交互に週3回・4週間）

Aコース
スクワット
レッグエクステンション
レッグカール
ヒップアダクション・アブダクション
カーフレイズ
トランクカール
ツイスティングシットアップ

Bコース
ベンチプレス
ダンベルフライ
ラットプルダウン
ワンハンドダンベルロウ
ショルダープレス
サイドレイズ
バーベルカール
ライイングトライセプスエクステンション
各10RM×10回×2〜3セット

4 第3期のプログラム（各コース交互に週3回・4週間）

Aコース
スクワット
レッグプレス
シーティッドレッグカール
ヒップアダクション・アブダクション
シングルレッグカーフレイズ
クランチ
バックエクステンション
Bコース
ダンベルベンチプレス
インクラインフライ
ラットプルダウン（狭いグリップで）
ダンベルプルオーバー
ダンベルショルダープレス
フロントレイズ
スタンディングダンベルカール
トライセプスキックバック
各8RM×8回×2〜3セット

5 アクティブレスト期（2週間）アクティブレスト期（2週間）

筋力トレーニング以外の運動を中心に行う
筋力トレーニングを実施する場合はごく軽く行う

 ●長年にわたって同じプログラムを続けていくと、効果が頭打ちになってしまいます。トレーニング効果を持続するためには、一定期間ごとにトレーニング内容を変化させる期分けしたプログラムを採用すると効果的です。一連のプログラムが終了したら、これを1年間に3循環します。

［体型改善(ボディメイク)に向けた部位・目的別のエクササイズ選択例］

1 胸の厚みの改善(P138、P144参照)

①ダンベルフライ

②ケーブルクロスオーバー

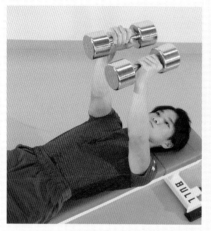

動作のフィニッシュポジションで大胸筋を十分短縮させることができます

2 逆三角形の上半身づくり(P148、P154参照)

①ラットプルダウン

②サイドレイズ

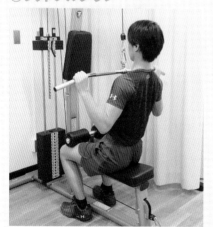

背中の広がりに影響する広背筋や大円筋を動員しやすい種目です

正面から見た肩のアウトラインに影響する三角筋中央部を動員しやすい種目です

3 上腕二頭筋のピークを高める(P163参照)

①コンセントレーションカール

肘を前方に上げて、上腕二頭筋の起始側を収縮させたポジションで肘の屈伸を行うことができるため、上腕二頭筋を十分に短縮させることができます。

4 上腕三頭筋のセパレーションの改善(P167参照)

①トライセプスキックバック

肘を伸ばした時に、小指を上に向けると上腕三頭筋の長頭(後ろ側)、手のひらを上に向けると内側頭(内側)、手の甲を上に向けると外側頭(外側)を動員しやすくなります。

2 中上級者向けテクニック

　ここでは、筋肥大を目的とした筋力ト
レーニングでよく用いられる中上級者向け
の代表的なテクニックを2つ紹介します。
追い込みが効く反面、疲労が蓄積しやすい
ため、頻度を多くしすぎないことや、期間
限定で行うなどの配慮が必要です。

❶フォーストレップス法

　筋肉を十分に疲労させ、筋肥大を促す効
果が高いテクニックです。反復できなく
なった時点で、補助者の力を借りて、さら
に2〜3回の反復を行う方法です。

　動作中に反復できなくなって、動作が止
まってしまうのは、最も力が発揮しにくい
ポジション（スティッキングポイント）で
す。反復ができなくなったら、力を発揮し
にくいポジション周辺のわずかな範囲だけ
パートナーに補助をしてもらえば、他のポ
ジションは自力で動作を行うことができま
す。また、反復できない状態になっても、
パートナーに上げてもらえば、自力でゆっ
くりと下ろすことはできます。

　パートナーに補助をしてもらいながら、
さらに数回反復することによって、筋力の
強いポジションや下ろす局面の動作につい
ても、オールアウトまで追い込むことがで
きます。

❷チーティング法

　ゆっくりとした正確な動作による反復が
できなくなった時点で、最小限の弾みや他
の部位の動きを使って、さらに2〜3回
の反復を行う方法です。フォーストレップ

ス法と同様の効果が期待できますが、弾
みを使うときにはフォームを崩さないよ
うに注意します。ちなみに、チーティン
グ（Cheating）とは「だます」「ごまかす」
といった意味であり、筋力トレーニングに
おいて、弾みや他の部位の動きを使って動
作を行うことを「チーティングスタイル」
と呼んでいます。これに対して、正確な動
作でゆっくりと動作を行うことを「ストリ
クト（Strict、厳格な）スタイル」と呼ん
でいます。

3 筋力アップのためのプログラム

筋力の向上は、日常生活の動作をより快適にするとともに、仕事やスポーツを行う際の負担を軽減したり、ケガを予防したりする効果をもたらします。また、挙上重量や反復回数の増加は、実施者に大きな達成感や満足感を与え、やる気の向上にもつながります。

ここでは、主要なエクササイズの最大挙上重量を向上させることを主目的としたモデルプログラム（表 4-10）を紹介します。

表 4-9 **筋力アップのためのプログラム**（各条件の目安）（一般の方を対象とした場合）

エクササイズ	最大挙上重量の向上を目指す主要なエクササイズを2〜4種目選択し、その他のエクササイズは少なめに抑える。
負荷	筋力向上を目指すエクササイズ:8RM以上（1RMの80%以上）、経験者の場合は6RM（1RMの85%以上） 上記以外のエクササイズ:8〜10RM
反復回数	筋力向上を目指すエクササイズ:1〜5回 上記以外のエクササイズ:8〜10回
セット数	筋力向上を目指すエクササイズ:1種目3セット以上 上記以外のエクササイズ:1種目2〜3セット
セット間の休息時間	筋力向上を目指すエクササイズ:2〜4分 上記以外のエクササイズ:1〜2分
頻度	週2回（中2〜3日空ける）

表 4-10 **筋力アップのためのプログラム例**

トレーニング頻度：週2回、中2〜3日空けて実施

No		エクササイズ	使用部位	セット数	負荷	回数	休息時間	ページ
1		ベンチプレス(バーベル)	胸部		下欄参照		2〜4分	P136
2		スクワット(バーベル)	大腿前部・臀部		下欄参照			P169
3	選択	ラットプルダウン(マシン) シーティッドロウ(マシン)	上背部	3セット				P148 P145
4	選択	ショルダープレス(バーベル) サイドレイズ(ダンベル)	肩部	3セット	8〜10RM	8〜10回	1〜2分	P151 P154
5	選択	バーベルカール(バーベル) コンセントレーションカール(ダンベル)	上腕二頭筋	2セット				P161 P163
6	選択	ライイングトライセップスエクステンション(バーベル) トライセプスプレスダウン(マシン)	上腕三頭筋	2セット				P164 P165
7		レッグカール(マシン)	大腿後部	3セット				P178
8		クランチ(自体重)	腹部	2セット	15RM	15回		P183

ベンチプレスとスクワットの条件設定

第1週	月曜日	①50%×8回②70%×8回×3セット
	木曜日	①50%×8回②60%×8回×3セット
第2週	月曜日	①50%×8回②75%×7回×3セット
	木曜日	①50%×8回②65%×8回×3セット
第3週	月曜日	①50%×8回②80%×5回×3セット
	木曜日	①50%×8回②70%×8回×3セット
第4週	月曜日	①50%×8回②70%×5回③85%×2回×3セット
	木曜日	①50%×8回②70%×8回×3セット
第5週	月曜日	①50%×8回②75%×5回③90%×1〜2回×2セット
	木曜日	①50%×8回②70%×8回×3セット
第6週	月曜日	①50%×8回②80%×5回③95%×1〜2回×2セット
	木曜日	①50%×8回②70%×8回×3セット
第7週	月曜日	①50%×8回②80%×5回③90%×1回④100%×1〜2回×1セット
	木曜日	①50%×8回②70%×8回×3セット
第8週	月曜日	①50%×8回②80%×5回③90%×1回④100〜105%×1〜2回×1セット
	木曜日	①50%×8回②70×8回×3セット

●月曜日は高負荷、木曜日は低負荷で実施します。　●9週目以降は、8週目の月曜日に確認した最大挙上重量(100%)をもとにして、1週目の内容に戻り、これを循環します。

ポイント ●主要なエクササイズについては、定期的に最大挙上重量の測定(測定法は P61 を参照)を行い、これに応じて使用重量の調整を行います。

表 4-11 **週ごとのトレーニング条件の調整例**

	高負荷使用日	低負荷使用日
第1週	70%×8回×3セット	60%×8回×3
第2週	75%×7回×3セット	65%×8回×3
第3週	80%×5回×3セット	70%×8回×3
第4週	60%×10回×3セット	休み
第5週	80%×3回×3セット	70%×8回×3
第6週	85%×2回×3セット	70%×8回×3
第7週	90%×1〜2回×2セット	70%×8回×3
第8週	70%×8回×3セット	休み

※表中の負荷はウォームアップ後に使用する負荷と回数を示す

 ●主要なエクササイズについては、常に高重量を使用しているとオーバーワークに陥る危険性があります。週2回実施する場合には、高負荷を用いる日と、低負荷を用いて積極的回復を図る日を設定し、週ごとに負荷を徐々に上げる方法がすすめられます。

［トレーニング効果の頭打ちを防ぐために］

トレーニングを続けていくと、徐々に効果が頭打ちになり、現状維持どころか減退してしまうこともあります。このような現象を予防・解消するためには、次のような対応を検討してみるとよいでしょう。

❶オーバーワークに注意

筋肉痛など、からだが発するさまざまな信号を注意深く感じとって、オーバーワークが起こらないように注意します。また、負荷や回数については強弱をつけて疲労の蓄積を防ぎます。

❷エクササイズを時々変える

いくら好きなエクササイズでも、1年中行っていたのではトレーニング刺激がマンネリ化してしまいます。効果が停滞気味になったら、バリエーションとして、グリップの幅や動作の軌道を変えたり、他のエクササイズを試したりすることが有効です。

❸エクササイズの順序を変える

プログラムの後半に実施しているエクササイズは、疲労の影響で効果が上がりにくい傾向にあります。このような場合には、いつも後半に行っているエクササイズを、時々前半に繰り上げて行ってみると効果的です。

4 シェイプアップのためのプログラム

　筋力トレーニングを低めの強度で持続的に実施したり、有酸素性運動と交互に実施したりすることによって、筋力トレーニングを体脂肪燃焼の手段として役立てることができます。ここでは、シェイプアップを目的としたプログラムの代表例として、「サーキットウエイトトレーニング」と「スーパーサーキットウエイトトレーニング」を紹介します。これらのプログラムでは、体脂肪の燃焼とともに、筋力、筋持久力、心肺持久力など、さまざまな体力要素を総合的に向上させることもできます。

表 4-12 **サーキットウエイトトレーニングのポイント**

エクササイズ	各部位のバランスを考慮して8〜10種目選択。連続して同じ部位のエクササイズを行わないように配列する
負荷	20RM(60%1RM)程度
反復回数	15〜20回
セット数	各種目1セットずつ
セット間の休息時間	30秒以内(エクササイズ間の移動時間のみ)
頻度	週2〜3回(中2〜3日空ける)

表 4-13 **シェイプアップを目的としたサーキットウエイトトレーニングのプログラム例**

トレーニング頻度:週2〜3回実施　運動時間と反復回数:各エクササイズを1セットずつ行い、3分間の休息をはさんで1〜3循環実施する　実施方法:運動中には、最大心拍数(220−年齢)の60〜70%の心拍数を維持できるように負荷を調整する

No	エクササイズ	主な使用部位	負荷	回数	休息時間	ページ
1	レッグプレス(マシン)	大腿前部・臀部				P172
2	チェストプレス(マシン)	胸部				P144
3	クランチ(体重負荷)	腹部				P183
4	レッグカール(マシン)	大腿後部				P178
5	シーティッドロウ(マシン)	上背部	20RM(60%)程度	15〜20回	30秒程度(移動時間のみ)	P145
6	バックエクステンション(体重負荷)	下背部				P189
7	レッグエクステンション(マシン)	大腿前部				P174
8	ショルダープレス(マシン)	肩部				P160
9	トランクツイスト(体重負荷またはマシン)	腹部				P190

ポイント ●運動中には、1分間の心拍数を計測し、最大心拍数(220から年齢を引いた数値)の60〜70%の数値(ターゲットゾーン)を維持するように運動の強さを調整します。●心拍数がターゲットゾーンに到達しない場合には負荷や回数を増やし、ターゲットゾーンを越えてしまう場合には負荷や回数を下げるようにします。●開始当初は1循環(1セットのみ)行い、慣れてきたら3分以上の休息をはさんで、2〜3循環行います。

表 4-14 **スーパーサーキットウエイトトレーニングのポイント**

エクササイズ	各部位のバランスを考慮して8〜10種目程度選択。筋力トレーニングと有酸素性トレーニングのエクササイズを交互に同数配列する
負荷	20RM(60%1RM)以下
反復回数	30秒間に15〜20回
セット数	各種目1セットずつ
セット間の休息時間	30秒以内(エクササイズ間の移動時間のみ)
頻度	週2〜3回(中2〜3日空ける)

表 4-15 **シェイプアップを目的としたスーパーサーキットウエイトトレーニングのプログラム例**

負荷:筋力トレーニングは 20RM 以下(40 〜 60%1RM)、有酸素性運動は最大心拍数の 60 〜 70% の強度　**運動時間と反復回数**:各エクササイズを 30 秒間ずつ実施、筋力トレーニングは 30 秒間に 12 〜 15 回反復する　**実施方法**:各エクササイズを 30 秒間ずつ休息をとらずに 1 〜 3 循環実施する。運動中には、最大心拍数(220 −年齢)の 60 〜 70% の心拍数を維持できるように負荷や動作スピードを調整する　**トレーニング頻度**:週 2 〜 3 回実施

No	エクササイズ(使用器具・主な使用部位)	No	エクササイズ(使用器具・主な使用部位)
1	レッグプレス(マシン・大腿前部)	10	なわとび
2	その場駆け足	11	バックエクステンション(体重負荷・下背部)
3	チェストプレス(マシン・胸部)	12	固定式自転車
4	なわとび	13	フォワードランジ(体重負荷・大腿前部)
5	クランチ(体重負荷・腹部)	14	その場駆け足
6	固定式自転車	15	ショルダープレス(マシン・肩部)
7	レッグカール(マシン・大腿後部)	16	なわとび
8	その場駆け足	17	トランクツイスト(体重負荷・体幹部)
9	シーティッドロウ(マシン・上背部)	18	固定式自転車

●筋力トレーニングを 30 秒間実施したあと、すぐに有酸素性運動を 30 秒間行います。●運動中には、1 分間の心拍数を計測し、最大心拍数(220 から年齢を引いた数値)の 60 〜 70% の数値(ターゲットゾーン)を維持するように運動の強さを調整します。●開始当初は 1 循環(1 セットのみ)行い、慣れてきたら 3 分以上の休息をはさんで、同じプログラムを 2 〜 3 循環行います。

第4章 プログラム編 一般向けモデルプログラム

89

表 4-16 **スーパーサーキットウエイトトレーニングを取り入れた 3 カ月間のプログラム展開例**

No	トレーニング期	期間	負荷	回数	エクササイズ数
1	第1筋肥大期	4週間	12〜15RM	12〜15回	8種目程度
2	第1スーパーサーキット期	2週間	20RM以下	15回	10種目程度
3	第2筋肥大期	4週間	8〜10RM	8〜10回	12種目程度
4	第2スーパーサーキット期	2週間	20RM以下	15回	10種目程度
5	アクティブレスト期	1週間	●筋力トレーニング以外の運動を中心に実施 ●筋力トレーニングはごく軽く行う		

ポイント ●シェイプアップを効率よく達成するためには、筋力トレーニングのプログラムを通じて体脂肪の燃焼を図るとともに、長期的には、筋肉量を増やしてエネルギー消費量の増大を目指すことが必要です。このような観点から、筋肥大を目的としたプログラムと、体脂肪の燃焼を主目的としたスーパーサーキットウエイトトレーニングのプログラムを組み合わせた長期プログラムがすすめられます。

［筋力トレーニングと有酸素性運動の順序］

シェイプアップを目的とした場合、筋力トレーニングと有酸素性運動を並行して実施することが理想です。有酸素性運動を開始すると、初期には糖質（炭水化物）の消費の割合が多く、運動時間の経過とともに脂肪の消費の割合が増えていきます。このため、糖質を主なエネルギー源とする筋力トレーニングを先に実施して、糖質を十分に消費しておくと、その後に行う有酸素性運動の際に、早い段階から脂肪を消費する割合を多くすることができます。

また、筋力トレーニングを先に実施することによって、アドレナリンや成長ホルモンが分泌することにより、その後に行う有酸素性運動中の脂質代謝が促進されるとい

う報告（Goto ら、2007）もあります。

筋力トレーニングと有酸素性運動を同じ日に行う場合、筋力トレーニングを先に行ったあとに有酸素性運動を行う方法が脂肪の消費には効率がよいといえます。

一方、筋力トレーニングの前に有酸素性運動を行った場合には、筋力トレーニングを行うために必要とされる糖質が不足して、十分な力が発揮できなくなる場合があります。また、有酸素性運動を先に行った場合、筋力トレーニングの実施において、筋肉をつくるために必要とされる成長ホルモンの分泌量が低下するといった研究報告（Gotoら、2005）もあるので注意が必要です。

3 対象に応じたプログラム

1 生活習慣病のリスクがある人のプログラム

　筋力トレーニングは、高血圧症、脂質異常症、糖尿病、心疾患など、さまざま生活習慣病の予防に役立てることができます。

　ここでは、現在病気には至っていないものの、血圧、コレステロール値、血糖値が比較的高めであり、将来、メタボリックシンドロームの診断基準値に該当する危険性がある人（予備軍）を対象として、その予防を目的としたプログラム例を紹介します。

表 4-17 **生活習慣病予防のためのサーキットウエイトトレーニングのポイント**

エクササイズ	身体各部位のエクササイズを8〜12種目選択し、サーキット方式で配列する
負荷	1RMの40〜60%
負荷手段	トレーニングマシンを中心に
反復回数	10〜20回
セット数	サーキット方式にて2〜3循環実施
セット間の休息時間	30秒程度
頻度	週2〜3回（中2〜3日空ける）

表 4-18 **生活習慣病予防を目的としたサーキットウエイトトレーニングのプログラム例**
（病気には至っておらず、医師から運動許可を得ている人を対象とする）

トレーニング頻度：週2〜3回実施
各エクササイズを1セットずつ、2〜3循環実施する

No	エクササイズ	主な使用部位	負荷	回数	休息時間	ページ
1	シーティッドチェストプレス（マシン）	胸部				P143
2	レッグプレス（マシン）	大腿前部・臀部				P172
3	クランチ（体重負荷）	腹部				P183
4	シーティッドロウ（マシン）	上背部				P145
5	レッグカール（マシン）	大腿後部	1RMの40〜60%	15回	30秒	P178
6	バックエクステンション（マシン）	下背部				P189
7	ショルダープレス（マシン）	肩部				P160
8	レッグエクステンション（マシン）	大腿前部				P174
9	トランクツイスト（体重負荷）	腹部				P190

ポイント

●医師から運動許可を得ている人が対象となります。●開始当初は1循環（1セットずつ）のみ行い、プログラムに慣れて楽に感じられるようになったら、3〜5分の休息をはさんで、同じプログラムを2循環行います。●プログラムの前後には軽めの有酸素運動や体操、ストレッチングなど、5分程度のウォームアップとクールダウンを必ず行います。●動作中にグリップを強く握ったり、息を止めて力んだりすると、血圧が急上昇することがあります。運動中には、リラックスしてグリップを握るとともに、息を止めないように注意します。●プログラムの前後には血圧と心拍数の測定を行い、異状がないかどうか確認します。

2 高齢者のプログラム

高齢者にとって筋力トレーニングは、生活動作や姿勢の改善、加齢に伴う筋肉量(特に速筋線維)の減少防止などに効果的です。

これらは介護予防や転倒予防につながり、高齢者の生活の質の改善にも役立ちます。

ここでは、70歳以上の高齢者を対象に、上記の効果を主目的とした筋力トレーニングのプログラム例を紹介します。

表 4-19 **高齢者の筋力トレーニングのポイント**

エクササイズの選択	8〜10種類のエクササイズ大筋群を使用する多関節エクササイズを中心に
負荷	20RM(60%1RM)以下
回数	10〜15回
セット数	各エクササイズについて1セット
トレーニング時間	1回のプログラムの所要時間は20〜30分(60分以上は行わない)
トレーニング頻度	週2回、48時間以上の休息を空ける

表 4-20 **高齢者のプログラム例**

(トレーニング開始後 2 カ月程度経過した人向け、トレーニングマシンを用いたプログラム例)

トレーニング頻度:週 2 回実施
各エクササイズを 1 セットずつ実施する

No	エクササイズ	主な使用部位	負荷	回数	休息時間	ページ
1	シーティッドチェストプレス(マシン)	胸部				P143
2	レッグプレス(マシン)	大腿前部・臀部				P172
3	ラットプルダウン(マシン)	上背部				P148
4	フォワードランジ(体重負荷)	大腿前部・臀部	20RM以下(60%1RM以下)	10〜15回	1〜2分	P173
5	ショルダープレス(マシン)	肩部				P160
6	ハーフスクワット(体重負荷)	大腿前部・臀部				P171
7	シーティッドロウ(マシン)	上背部				P145
8	クランチ(マシン)	腹部				P183

●医師から運動の可否や運動内容の制限についてアドバイスを受けておきましょう。●高齢者は体力の個人差が大きいため、プログラムの内容は、実施者のレベルに応じて無理なく慎重に調整しましょう。●トレーニングに慣れてきたら、最初に反復回数を増やし、その後、無理のない範囲で少しずつ負荷を高めていきます。●専門のトレーニング指導者から、エクササイズの正しいフォームや呼吸方法の指導を受けることをおすすめします。●必ずしも全可動域の動作を行う必要はありません。関節可動域の個人差を考慮して、無理のない動きを心がけます。

表 4-21 **高齢者のプログラム例**

（トレーニング経験を積んだ人向け、体重負荷・ダンベル・チューブを用いたプログラム例）

トレーニング頻度：週２回実施

No	エクササイズ	主な使用部位	負荷	回数	セット数	休息時間	ページ
1	膝立て腕立て伏せ(体重負荷)	胸部					P141
2	ハーフスクワット(ダンベル)	大腿前部・臀部					P171
3	シーティッドロウ(チューブ)	上背部					P200
4	ヒップリフト(体重負荷)	大腿後部・臀部	12RM (70%1RM)	10回	各 2セット	1～2分	P178
5	ショルダープレス(ダンベル)	肩部					P152
6	フォワードランジ(体重負荷)	大腿前部					P177
7	アーム&レッグレイズ(四つ這い姿勢・自体重)	脊柱起立筋群					P190
8	クランチ(体重負荷)	腹部					P183

第4章 プログラム編
一般向け モデルプログラム

3 子ども（小・中学生）のプログラム

子どもが筋力トレーニングを行うことについては、古くから「身長が伸びなくなる」「関節を痛めてしまう」といった否定的な意見が多くありました。しかし、現在では、安全性や効果についての研究が進むとともに、実施のためのガイドラインも整備され、子どもにも積極的に筋力トレーニングが採用されるようになっています。近年、子どもの体力低下傾向が問題になって

いますが、筋力トレーニングはこれを解決するための有効な手段として期待されています。

ここでは、思春期または思春期前の時期にあたる小・中学生を対象とした、安全で効果的な筋力トレーニングのプログラムを紹介します。

表 4-22 **小・中学生の筋力トレーニングのポイント**

エクササイズ	上肢や下肢の大筋群を動員する多関節エクササイズ(スクワット、腕立て伏せなど)と体幹のエクササイズをバランスよく選択する。導入時は3〜4種目、経験を積んだ場合は最大8〜10種目を目安とする
負荷	正しいフォームで12〜15回以上反復できる負荷を目安とする。5RM以上(1RM〜5RM)の高負荷は用いない。
負荷手段	自体重、軽めのウエイト(ダンベル、ペットボトルなど)、チューブ、徒手抵抗
反復回数	8〜12回を目安に(最大反復は行わない)
セット数	1〜3セット
セット間の休息時間	1〜2分
1回のトレーニング時間	小学校低学年:10分以内、小学校高学年:20分以内、中学生:30分以内
頻度	週2〜3回

表 4-23 **小学生高学年〜中学生のプログラム例**

月曜日に A コース、木曜日に B コースを行う
各エクササイズをサーキット形式で 1 セットずつ 2 循環実施する

Aコース

No	エクササイズ	動作または部位	負荷	回数	セット数	休息時間	ページ
1	腕立て伏せ(体重負荷)	上半身押す					P140
2	シーティッドロウ(チューブ)	上半身引く	12RM	10回	2セット	1〜2分	P200
3	片脚スクワット(体重負荷)	下半身					P171
4	クランチ(体重負荷)	体幹					P183

Bコース

No	エクササイズ	動作または部位	負荷	回数	セット数	休息時間	ページ
1	ショルダープレス(ダンベル)	上半身押す					P152
2	ロープ登り(体重負荷)	上半身引く	12RM	10回	2セット	1〜2分	P149
3	フォワードランジ(体重負荷)	下半身					P199
4	バックアーチ(体重負荷)	体幹					P189

ポイント
●正しいフォームや姿勢を十分に習得した上で実施します。●知識と経験を持つトレーニング指導者の管理下で行うことが理想です。●パートナーと一緒に行ったり、ゲーム性を取り入れたりして、楽しく効果的に継続できるように配慮します。

スポーツ選手向け トレーニングプログラム

この章では、スポーツ選手の競技力向上を目的とした筋力トレーニングのプログラム作成のポイントと具体例について紹介します。

1 スポーツ選手の筋力トレーニング ~成功のためのポイント~

　スポーツ選手が実施する筋力トレーニングは、競技パフォーマンスの向上に役立てられなければ意味がありません。ここでは、スポーツ選手にとっての筋力トレーニングの位置づけや、年齢やレベルに応じた展開、からだづくりやパフォーマンス向上に結びつけるためのポイントなどについて理解しておきましょう。

1 筋力トレーニングを競技力向上に生かすために

❶一般的トレーニングと専門的トレーニングの違いとは?

　スポーツ選手が実施する筋力トレーニングは、その目的や効果の観点から、「一般的トレーニング」と「専門的トレーニング」の2つに分類されます。トレーニングを効果的に行うためには、両者の違いについて正しく理解しておくことが必要です。「一般的トレーニング」とは、専門スポーツの特性にかかわらず、選手の体力（いわゆる基礎体力）を全面的に向上させることを目的としたものであり、選手が高い競技力を発揮するための基盤としての役割を果たすものです。筋力トレーニングにおいては、選手として必要とされるからだづくりや、身体各部の筋力向上を目的としたトレーニングがこれにあたります。

　一方、「専門的トレーニング」とは、スポーツのパフォーマンス向上を直接の目的とし

たものであり、筋力トレーニングにおいては、競技動作のパワー向上を目的としたトレーニングなどが該当します。

　専門的トレーニングは、競技と関連の高い動作や条件で実施されるため、競技力向上に対する即効性が期待できる反面、トレーニング効果は長続きしにくく、頭打ちが起こりやすい欠点を持っています。これに対して、一般的トレーニングは、競技力向上に対する即効性は低いものの、専門的トレーニングの効果を促進するために必要な体力基盤の底上げを図る効果が期待できます。長期にわたって競技力を向上させるためには、両者をうまく組み合わせること

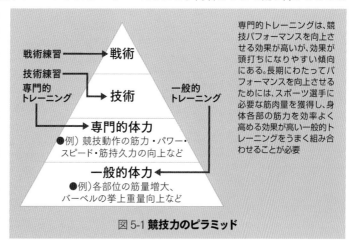

専門的トレーニングは、競技パフォーマンスを向上させる効果が高いが、効果が頭打ちになりやすい傾向にある。長期にわたってパフォーマンスを向上させるためには、スポーツ選手に必要な筋肉量を獲得し、身体各部の筋力を効率よく高める効果が高い一般的トレーニングをうまく組み合わせることが必要

戦術練習 → 戦術
技術練習 → 技術
専門的トレーニング
一般的トレーニング
→ 専門的体力
　●例）競技動作の筋力・パワー・
　　スピード・筋持久力の向上など
一般的体力 ←
　●例）各部位の筋量増大、
　　バーベルの挙上重量向上など

図5-1 **競技力のピラミッド**

図5-2 **スポーツ選手における筋力トレーニングの効果**

が重要なポイントとなります。

❷専門的トレーニングは
パフォーマンス向上への橋渡し役

スポーツ現場では、「重いバーベルは挙げられるようになったのに、競技パフォーマンスが向上しない」といった声がよく聞かれます。

専門的トレーニングは、このような問題を解決するための鍵となるものです。

図5-3（P98）に、筋力トレーニングをスポーツのパフォーマンス向上に生かす過程について示しました。スポーツ選手の筋力トレーニングの最終目標は、競技パフォーマンスを向上させて、試合でよい結果を出すことであり、バレーボール選手の場合には、「スパイクやサーブの威力を高める」、「正確で長いトスが上げられるようにする」、「ボールが来た地点にすばやく移動してレシーブをする」などが具体的な目標となります。一方、スポーツ現場では、筋力トレーニングとしてベンチプレスやスクワットのような「一般的トレーニング」が多く行われていますが、これらの挙上重

量を高めただけでは、すぐにプレーのパフォーマンスが向上することにはなりません。

プレーと関連のある動きや条件による「専門的トレーニング」を実施することによって、一般的トレーニングで養成された個々の部位や単純な動作の筋力を、競技動作のパワー向上へと橋渡し（転化）することが求められます。

❸年齢やレベルに応じた
トレーニングの進め方

選手の発育発達や競技レベルの観点から、一般的トレーニングは、高校期までに重点的に実施しておくことが理想です。これに対して大学・社会人期には、高校期に養成した体力基盤をもとにして、専門スポーツや選手個人の特性に応じた専門的トレーニングを重視したプログラムへと移行し、さらなる競技パフォーマンスの向上を目指します。

この時期は、高校期に比べてパフォーマンス向上のペースがゆるやかになり、トレーナビリティー（トレーニングによって

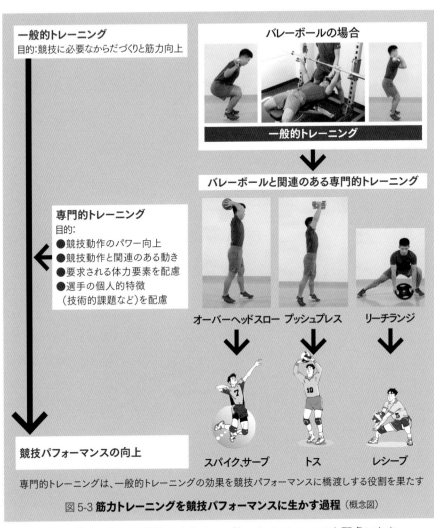

一般的トレーニング
目的:競技に必要なからだづくりと筋力向上

バレーボールの場合

一般的トレーニング

バレーボールと関連のある専門的トレーニング

専門的トレーニング
目的:
●競技動作のパワー向上
●競技動作と関連のある動き
●要求される体力要素を配慮
●選手の個人的特徴
　(技術的課題など)を配慮

オーバーヘッドスロー　プッシュプレス　リーチランジ

競技パフォーマンスの向上

スパイク、サーブ　　　トス　　　レシーブ

専門的トレーニングは、一般的トレーニングの効果を競技パフォーマンスに橋渡しする役割を果たす

図 5-3 筋力トレーニングを競技パフォーマンスに生かす過程（概念図）

向上する可能性）も減退する傾向にあります。この時期には、選手の特性や、現在の技術・戦術的課題、パフォーマンス向上の妨げになっている要因などについて十分に分析し、目標を明確にしたトレーニングを行うことが重要です。ベテラン選手の場合には、長年の経験に基づく独自の技術や競技スタイルについても配慮します。

　なお、大学や社会人期であっても、筋力トレーニングの経験が少なく、体力レベルの低い選手の場合には、高校期と同様に一般的トレーニングの配分を増やし、一定レベルの筋力をバランスよく養成することが大切です。

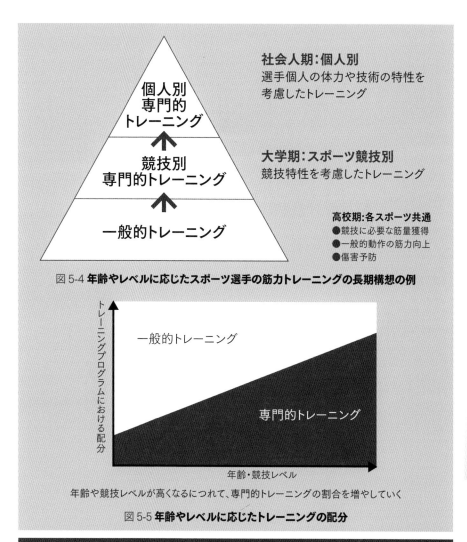

図 5-4 **年齢やレベルに応じたスポーツ選手の筋力トレーニングの長期構想の例**

社会人期:個人別
選手個人の体力や技術の特性を
考慮したトレーニング

大学期:スポーツ競技別
競技特性を考慮したトレーニング

高校期:各スポーツ共通
●競技に必要な筋量獲得
●一般的動作の筋力向上
●傷害予防

年齢や競技レベルが高くなるにつれて、専門的トレーニングの割合を増やしていく

図 5-5 **年齢やレベルに応じたトレーニングの配分**

2 競技に必要な筋肉量と筋力をどのレベルまで養成するか?

スポーツ選手が筋力トレーニングを開始する際には、選手としてどの程度の筋肉量や筋力が必要とされるのかについて検討しておく必要があります。

例えば、アメリカンフットボールのライン選手の場合には、相手とぶつかり合う局面が多いため、非常に大きな筋肉量と最大筋力が要求されます。これに対して、陸上競技の長距離選手の場合には、高いレベルの筋肉量や筋力は必要とはいえません。

一方、軽量級のボクサーや、柔道・レスリングのように体重制限のある競技選手の場合には、筋肉量は所属階級の体重上限の範囲内に抑えた上で、筋力や動作パワーを高めるトレーニングが必要となります。

また、同じ競技でもポジションによって要求される形態や体力が異なります。

例えば、ラグビーでは、スクラムの前方に位置するフォワードの選手の場合、バックスの選手に比べて、より多くの筋肉量や高い最大筋力が要求されます。

スポーツ選手が一般的トレーニングに取り組む際には、際限なく筋肉量や筋力の向上を図るのではなく、専門スポーツで必要とされる筋肉量や筋力の目標値を具体的に設定しておくことが大切です。これが達成できたら、専門的トレーニングの配分を増

やし、競技動作そのもののパワーやスピードの改善へとトレーニング目的をシフトしていきます。

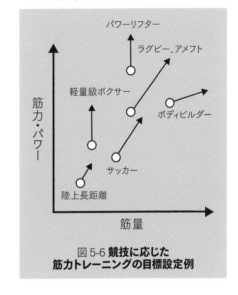

図5-6 競技に応じた
筋力トレーニングの目標設定例

表5-1 **競技別の形態と筋力の目標設定例**

競技種目	トレーニングの指針	筋力目標値設定例（男子）	
		ベンチプレス1RM	スクワット1RM
陸上投てき、アメリカンフットボール（ライン）、ラグビー（フォワード）、アイスホッケー、相撲、柔道・レスリング（重量級）など	大きな筋量の獲得 最大筋力・最大パワーの向上	体重の 1.5倍以上	体重の 2.0倍以上
野球、サッカー、バレーボール、テニス、バスケットボール、ラグビー（バックス）、アルペンスキーなど	中程度の筋量の獲得 最大パワーの向上	体重の 1.2〜1.5倍	体重の 1.5〜2.0倍
スキージャンプ、ボクシング、打撃系格闘技、柔道・レスリング（軽量級）、体操競技、フィギュアスケートなど	必要な範囲内に筋量を抑え、最大パワーの向上を図る	体重の 1.0〜1.2倍	体重の 1.2〜1.5倍
陸上長距離、トライアスロン、スキークロスカントリーなど	必要な範囲内に筋量を抑え、最大パワーと筋持久力の向上を図る	体重の 0.8〜1.0倍	体重の 1.0〜1.2倍

3 専門的トレーニングの効果的な実施方法

❶トレーニング動作を決める
～競技動作とできるだけ近い動きで～

専門的トレーニングの動作を決定するにあたっては、「スポーツのどんな動きを強化したいのか」を明確にしておきましょう。例えば、バレーボールの場合には、パワーを改善したい動作として、さまざまなプレーの中から、サーブ、スパイク、ブロック、トス、レシーブといった動きを抽出します。

強化したい動作を決める際には、「このプレーがうまくなればレギュラー選手になれる」といった技術や戦術面の課題についても考慮すると、強化課題がより明確になります。

強化したい動作が決まったら、実際の動きの中で力を発揮する方向や、からだの各部位の動き、動作中の姿勢や関節角度、特に使用される筋肉などについて検討した上で、実際の競技動作とできるだけ近いトレーニング動作を採用します。具体的には、競技動作全体または部分的に再現した動作のトレーニングや、関連のある動きや姿勢のトレーニング（片脚支持姿勢、左右交互の動きなど）などがあります。

競技動作を再現した専門的トレーニングでは、動作の軌道や力を発揮する方向にマッチした負荷をかけることがポイントであり、重力方向（下方向）に負荷が加わるバーベルやダンベルばかりでなく、動作に応じてメディシンボールやプーリーなども使用すると効果的です。

STEP 1 **強化課題の抽出・分析**
- ●特に改善したい動作は？　個人の形態・体力、技術・戦術の課題は？
- ●動画などによる動作分析、選手やコーチの意見収集

STEP 2 **トレーニング動作の決定**
- ●既存のエクササイズの中から選択する方法
  （実際の動作や使用筋群との関連が高いもの）
- ●競技動作全体または部分的に再現した動作を新たに設定する方法

STEP 3 **負荷手段の選択**
- ●競技動作の特性に応じてトレーニングで用いる
  適切な負荷手段を選択

STEP 4 **負荷、回数などの条件設定**
- ●動作形態やトレーニング目的などに応じて検討
- ●競技動作パワーや筋持久力の向上などを目的とする

図5-7 専門的トレーニングの設定手順

表 5-2 **専門的トレーニングの動作設定のポイント**

❶スポーツ動作中の動きの特徴は？
- 力を発揮する方向
- 身体各部位の軌道
- 特徴的な動作パターン　両脚支持か片脚支持か、左右の動作パターンなど

❷スポーツ動作中の姿勢や関節角度は？

❸スポーツ動作中に使用される筋肉は？
動作中の主働筋と共働筋、姿勢支持筋など

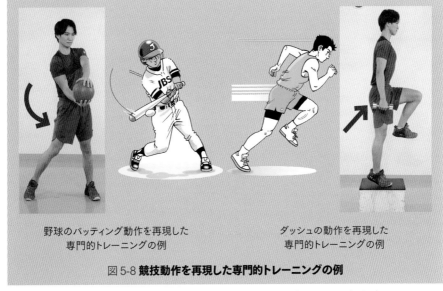

野球のバッティング動作を再現した
専門的トレーニングの例

ダッシュの動作を再現した
専門的トレーニングの例

図 5-8 競技動作を再現した専門的トレーニングの例

❷トレーニング条件を決める
　～負荷の大きさに注意～

　動作パワーの向上を目的とした専門的トレーニングで使用する負荷は、通常、実際の競技場面で加わる負荷よりもやや強めの負荷（オーバーロード）に設定します。負荷が強すぎた場合には、フォームが崩れたり、特定の部位に過剰な負担がかかったりする危険があるので注意します。

　その他、実際の競技場面で加わる負荷よりも軽い負荷を用いる方法（アシスティッドトレーニング）や、負荷に変化をつける方法（コントラスト法、コンプレックス法）などもあり、目的によってそれぞれ使い分けます。

　専門的エクササイズの動作スピードや反復回数を決定する際には、競技における力やスピードの発揮の仕方、動作の持続時間などについて考慮し、できるだけ実際の競技と近い条件に設定します。

表5-3 専門的トレーニングの条件設定のポイント

❶負荷の大きさは?
実際の競技場面で加わる
負荷の大きさを考慮

❷力の発揮の特徴は?
爆発的な力発揮か、
ゆっくりとした力発揮か
スピードの変化(加速・減速など)

❸筋収縮の状態は?
短縮性収縮、伸張性収縮、
等尺性収縮など

❹運動時間は?
パワー発揮の持続時間
パワー発揮の形態(持続的か、断続的か)

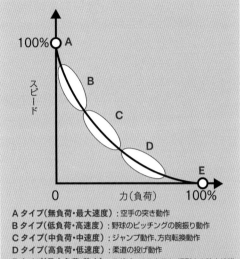

Aタイプ(無負荷・最大速度):空手の突き動作
Bタイプ(低負荷・高速度):野球のピッチングの腕振り動作
Cタイプ(中負荷・中速度):ジャンプ動作、方向転換動作
Dタイプ(高負荷・低速度):柔道の投げ動作
Eタイプ(最大負荷・静止):ラグビーのスクラム、綱引きの静止状態

図5-9 **力とスピードの関係からみた
スポーツ動作のパワーのタイプ**

[持久型競技選手の筋力トレーニング]

　従来、陸上長距離種目をはじめとする持久型競技の選手は、筋力トレーニングを敬遠する傾向にありました。しかし、現在では筋力トレーニングを実施することで競技動作の経済性の改善(エネルギー消費量の軽減)、動作の効率化、着地衝撃に対する耐性の改善、姿勢の安定、傷害予防などの効果が認識されるようになり、積極的に導入する選手が増えてきました。

　トレーニング内容についても、以前は、筋持久力向上を目的として、ごく軽い負荷で高回数行う方法が主体となっていましたが、近年、スクワットやパワークリーンのような一般的エクササイズを高負荷低回数の条件で行うケースや、ランニング動作と関連があるステップアップやウォーキングランジのような専門的エクササイズを導入するケースもみられるようになりました。

4 競技シーズンに応じたプログラムの展開

スポーツ選手が目標とした試合で高いパフォーマンスを発揮するためには、一定期間ごとにトレーニング内容を計画的に変化させる「期分け」（P72参照）されたプログラムを採用すると効果的です。スポーツ選手にとって、「期分け」はオーバーワークの予防とともに、筋肥大や筋力向上などの一般的トレーニングの効果を、競技動作のパワーやスピードの向上へと「転化」させるために役立てることもできます。

出場する試合日程をもとにして、試合がある期間を「試合期」、試合に向けて体力強化を図る期間を「準備期」、試合シーズン終了後に心身のメンテナンスを図る期間を「移行期」と呼びます。1年間の試合シーズンが1回の場合、「準備期→試合期→移行期」が年間に1循環しますが（表5-5）、1年間の試合シーズンが2回の場合には、これらが2循環することになります（表5-6）。

準備期の筋力トレーニングは、トレーニング効果をスポーツのパフォーマンス向上へと転化させることを目的として、最初に筋量増大を主目的とした「筋肥大期」、2番目に最大筋力の向上を主目的とした「筋力養成期」、3番目に競技動作のパワー向上を主目的とした「パワー養成期」の順に展開するのが一般的です。このようなプログラムの展開は、競技動作のパワー向上を図るために、その基盤として最大筋力を高めておくことが必要であり、大きな筋力を発揮するためには一定レベル以上の筋断面積が必要であることが根拠となっています（図5-10）。それぞれのトレーニング期には、準備期全体の長さに応じて、2～8週間の期間を充当します。

準備期においては、通常、強度を上げて量を減らしていく方法（線形ピリオダイゼーション）がよく採用されます。一方、経験を積んだレベルの高い選手の場合には、体力基盤がすでに養成されており、一般的トレーニングの配分が少なめでよいことから、強度と量を年間にわたって大きく変動させるのではなく、小さめの振幅で変化させる方法（非線形ピリオダイゼーション）が用いられます（P106、図5-11）。

表5-4 **筋力トレーニングの期分けの基本モデル**

マクロサイクル (1年間)	準備期			試合期		移行期
メゾサイクル (数週間～数カ月)	筋肥大期	筋力養成期	パワー養成期	ピーキング期	維持期	移行期
ミクロサイクル (数日～1週間)						

表 5-5 **シーズン制競技の年間プログラム例**（大学アメリカンフットボールチームの例）

月	1	2	3	4	5	6	7	8	9	10	11	12
日程									←——— リーグ戦 ———→			← リーグ｜決勝リーグ
期分け	一般的準備期					専門的準備期			試合期			移行期
	筋肥大期		筋力養成期			パワー期		ピーキング期	維持期			移行期

表 5-6 **2 シーズン制競技の年間プログラム例**（大学バレーボールチームの例）

月	1	2	3	4	5	6	7	8	9	10	11	12
日程			←—— 春季リーグ戦 ——→				東日本学生		←—— 秋季リーグ戦 ——→			全日本学生
期分け	準備期❶			試合期❶			準備期❷		試合期❷			移行期
	筋肥大期	筋力期	パワー期	維持期	ピーキング期	維持期	筋力期	パワー期	維持期	ピーキング期	維持期	移行期

第5章 プログラム編 スポーツ選手向けトレーニングプログラム

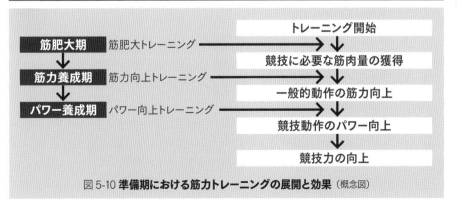

図 5-10 **準備期における筋力トレーニングの展開と効果**（概念図）

筋肥大期 → 筋肥大トレーニング ——→ トレーニング開始
筋力養成期 → 筋力向上トレーニング ——→ 競技に必要な筋肉量の獲得
パワー養成期 → パワー向上トレーニング ——→ 一般的動作の筋力向上
→ 競技動作のパワー向上
→ 競技力の向上

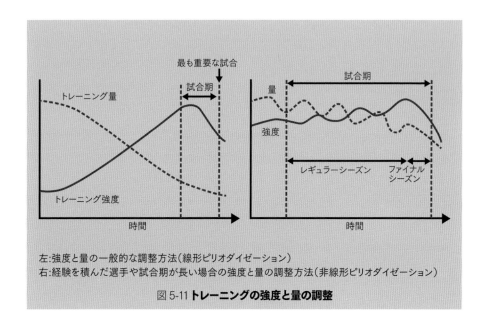

最も重要な試合

試合期

トレーニング量

トレーニング強度

時間

試合期

量

強度

レギュラーシーズン

ファイナルシーズン

時間

左:強度と量の一般的な調整方法（線形ピリオダイゼーション）
右:経験を積んだ選手や試合期が長い場合の強度と量の調整方法（非線形ピリオダイゼーション）

図 5-11 **トレーニングの強度と量の調整**

2 スポーツ選手の体力基盤を養成するためのプログラム

　ここでは、スポーツ選手の体力基盤となる筋肉量や筋力を効率よく養成することを目的とした 2 ～ 3 年間にわたる筋力トレーニングの長期プログラムの具体例を紹介します。本格的に筋力トレーニングが開始できるようになる高校スポーツ選手には、特におすすめのプログラムです。

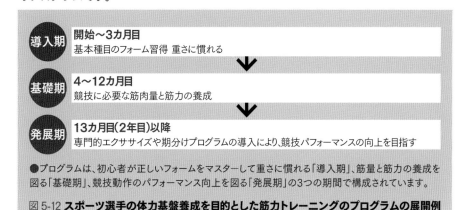

導入期 開始～3カ月目
基本種目のフォーム習得 重さに慣れる

基礎期 4～12カ月目
競技に必要な筋肉量と筋力の養成

発展期 13カ月目（2年目）以降
専門的エクササイズや期分けプログラムの導入により、競技パフォーマンスの向上を目指す

●プログラムは、初心者が正しいフォームをマスターして重さに慣れる「導入期」、筋量と筋力の養成を図る「基礎期」、競技動作のパフォーマンス向上を図る「発展期」の3つの期間で構成されています。

図 5-12 **スポーツ選手の体力基盤養成を目的とした筋力トレーニングのプログラムの展開例**

1 導入期のプログラム（最初の3カ月間）

筋力トレーニングの経験がない初心者を対象とした、最初の3カ月間のプログラムです。

プログラムは、4週間ごとに3つの期間で構成されており、基本エクササイズの正しいフォームをマスターしながら、挙上重量を効率よく向上させることを目的としています。

第1段階(4週間)
ごく軽い負荷を用いて、正しいフォームの習得を目指す

第2段階(4週間)
中程度の負荷にて使用重量の向上を図り、フォームを完成させる

第3段階(4週間)
高負荷を用いて最大挙上重量の向上を図る

図5-13 導入期（最初の3カ月間）**のプログラム展開例**

表5-7 **第1段階のプログラム例**

目的:正しいフォームの習得　**頻度:**週3回、中1〜2日空けて実施　**セット間の休息時間:**90秒

エクササイズ	実施条件	ページ
❶パワークリーン	15RM×10回×4セット	P192
❷スクワット	15RM×10回×4セット	P169
❸ベンチプレス	15RM×10回×4セット	P136
❹クランチ	15回×2セット	P183

※ 15RM: 正しいフォームで15回反復できる重量　※パワークリーンが実施できない場合は省いてもよい

●一般に「ビッグスリー」と呼ばれる3つの主要なエクササイズ（パワークリーン、スクワット、ベンチプレス）の正しいフォームを習得することを目的として、週3回、中1〜2日空けて実施します。プログラムを開始して正しいフォームができるようになってきたら、無理のない範囲で少しずつ重量を増やしていきます。

表 5-8 **第 2 段階のプログラム例**

目的：フォームの完成と使用重量の向上　　**頻度：**週 2 回、中 1 〜 2 日空けて実施
セット間の休息時間：1 〜 3 は 2 分、4 〜 7 は 1 分

エクササイズ	実施条件	ページ
❶パワークリーン	8RM×5回×3セット	P192
❷スクワット	8RM×5回×3セット	P169
❸ベンチプレス	8RM×5回×3セット	P136
❹ラットプルダウン	10RM×10回×3セット	P148
❺サイドレイズ	10RM×10回×3セット	P154
❻レッグカール	10RM×10回×3セット	P178
❼クランチ	15回×3セット	P183

※パワークリーンが実施できない場合は省いてもよい

●正しいフォームを完成させるとともに、8 〜 10RM を用いて、使用重量や反復回数を増やしていくことを目的とします。
●重量が軽く感じられるようになったら、少しずつ重量を増やしていきます。
●身体各部の筋力バランスを考慮して、第 1 段階のプログラムに背部、肩部、大腿部後面のエクササイズを加えています。

表 5-9 **第 3 段階のプログラム例**

目的：主要なエクササイズの最大挙上重量の向上
頻度：週 3 回、中 1 〜 2 日空けて A コースと B コースを交互に実施
セット間の休息時間：パワークリーン、スクワット、ベンチプレスは 2 〜 3 分、それ以外のエクササイズは 1 分

Aコース（下半身と体幹）

エクササイズ	実施条件
❶パワークリーン(P192)	①50%×10回 ②70%×5回 ③80%×3回 ④85〜90%×2〜3回 ⑤85〜90%×2〜3回
❷スクワット(P169)	①50%×10回 ②70%×5回 ③80%×3回 ④85〜90%×2〜3回 ⑤85〜90%×2〜3回
❸レッグカール(P178)	10RM×10回×3セット
❹クランチ(P183)	15回×2セット
❺バックエクステンション(P189)	15回×2セット

※パワークリーンが実施できない場合は省いてもよい

Bコース（上半身）

エクササイズ	実施条件
❶ベンチプレス(P136)	①50%×10回 ②70%×5回 ③80%×3回 ④85〜90%×2〜3回 ⑤85〜90%×2〜3回
❷ラットプルダウン(P148)	10RM×10回×3セット
❸サイドレイズ(P154)	10RM×10回×3セット
❹バーベルカール(P161)	10RM×10回×3セット

●主要なエクササイズの最大挙上重量の向上を主目的としたプログラムです。
●この段階では、最大に近い重量を使用したピラミッド法(P65 参照)を採用します。
●トレーニングの質を高めるために、プログラム全体を 2 つに分割し、各コースを交互に週 3 回実施します。

2 基礎期のプログラム（4〜12カ月目）

　導入期が終了したあと、4カ月目以降には、スポーツ選手として必要とされる筋肉量や筋力を養成することを主目的とした基礎期のプログラムに移行します。

　基礎期には、筋肥大を目的としたプログラムと筋力向上を目的としたプログラムを、4週間ごとに交互に実施する方法を採用します。

表5-10 **基礎期**（4〜12カ月目）**のプログラム例**

●からだづくりプログラムと筋力向上プログラムを4週間ずつ交互に実施します

からだづくりプログラム（4週間）

目的：各部位の筋肥大　　**頻度**：週3回、中1〜2日空けてAコースとBコースを交互に実施
セット間の休息時間：1分

Aコース（下半身と体幹）

エクササイズ	実施条件
❶パワークリーン(P192)	①50%×10回 ②70〜80%×5〜8回×3セット
❷スクワット(P169)	①50%×10回 ②70〜80%×5〜8回×3セット
❸レッグカール(P178)または スティッフレッグドデッドリフト	10RM×10回×3セット
❹クランチ(P183)	15回×2セット
❺バックエクステンション(P189)	15回×2セット

Bコース（上半身）

エクササイズ	実施条件
❶ベンチプレス(P136)	①50%×10回 ②70〜80%×8〜12回×3セット
❷ラットプルダウン(P148) またはシーティッドロウ	10RM×10回×3セット
❸ショルダープレスまたは サイドレイズ(P154)	10RM×10回×3セット
❹バーベルカール(P161)またはライイング トライセップスエクステンション	10RM×10回×3セット

筋力向上プログラム（4週間）

目的：主要なエクササイズの最大挙上重量の向上

頻度：週3回、中1〜2日空けてAコースとBコースを交互に実施

セット間の休息時間：パワークリーン、スクワット、ベンチプレスは2〜3分、それ以外のエクササイズは1分

Aコース（下半身と体幹）

エクササイズ	実施条件
❶パワークリーン(P192)	下欄参照
❷スクワット(P169)	下欄参照
❸レッグカール(P178)または スティッフレッグドデッドリフト	10RM×10回×3セット
❹クランチ(P183)	15回×2セット
❺バックエクステンション(P189)	15回×2セット

Bコース（上半身）

エクササイズ	実施条件
❶ベンチプレス(P136)	下欄参照
❷ラットプルダウン(P148) またはシーティッドロウ	10RM×10回×3セット
❸ショルダープレスまたは サイドレイズ(P154)	10RM×10回×3セット
❹バーベルカール(P161)またはライイング トライセップスエクステンション	10RM×10回×3セット

※主要エクササイズの実施条件　（3セット目以降の休息時間は3分）
1〜2回目：①50%×10回、②70%×5回、③80%×5回、④80%×5回、⑤80%×5回
3〜4回目：①50%×10回、②70%×5回、③85%×3回、④85%×3回、⑤85%×3回
5〜6回目：①50%×10回、②70%×5回、③80%×3回、④90%×1〜2回、⑤90%×1〜2回

3 発展期のプログラム（2年目・13カ月目以降）

　筋力トレーニングを開始して1年が経過した頃には、筋量や筋力の大幅な向上が達成できているはずです。そこで、2年目（13カ月目）以降には、これまでに得られた筋力トレーニングの効果を競技パフォーマンスに転化させることを主目的とした発展期のプログラムに移行します。

　発展期のプログラムでは、年間の試合スケジュールを考慮した「期分け」を導入するとともに、スポーツ特性を反映させた専門的エクササイズや、起こりやすいケガに対応した傷害予防のためのエクササイズも積極的に採用します。

　陸上の投てき種目や柔道のようなパワー型競技選手の場合には、必要とされる筋肉の量や筋力のレベルが高いため、2年目以降も引き続き、筋量や筋力の向上を目指します。

［筋力トレーニングをいつ行うか？］

　筋力トレーニングの効果を最大限に得るには、疲労がなく集中力の高い状態で行うことが理想です。しかし、練習の前に筋力トレーニングを行ってしまうと、疲労のために練習にマイナスの影響を及ぼすことがあります。

　筋力トレーニングを実施するタイミングは、その時期の重点課題によって決定するとよいでしょう。例えば、試合シーズンやプレシーズンなど、技術や戦術が重視される時期には、原則として筋力トレーニングを技術練習のあとに行うようにします。また、オフシーズンに体力の養成を重視する時期には、筋力トレーニングを先に行う方法も効果的です。

　二部練習が行える場合には、午前中に技術練習を実施し、食事と十分な休憩をはさんで、午後に筋力トレーニングを行うと効果的です。午前と午後の練習の間に十分な休息時間が確保できる場合には午前中に筋力トレーニングを行ってもかまいません。大学生であれば、授業の空き時間にトレーニングを行う方法もあります。

　早朝の時間帯は、神経系の働きが活発になっていないため、筋力トレーニングを行うには適しているとはいえません。筋力トレーニングを早朝に実施したい場合には、ウォーミングアップを多めに行い、通常より軽めの重量を使用するなどの配慮が必要です。

表 5-11 **発展期**（2年目・13 カ月目以降）**のプログラム例**

- ●筋肥大期、筋力養成期、パワー養成期には、週３回、Ａコースと Ｂコースを交互に実施します
- ●試合期は各コースを週１回ずつ実施します

Aコース（下半身と体幹）

①専門的エクササイズ
競技特性や技術課題に応じたエクササイズを１～３種目２セット（セット間休息:２分）

②パワークリーン

❶筋肥大期 （セット間休息:1～2分）	①50%×10回 ②50～60%×8～10回×3セット
❷筋力養成期 （セット間休息:2～4分）	①50%×10回 ②70%×5回 ③80～90%×1～5回×2セット
❸パワー養成期 （セット間休息:2～4分）	①50%×10回②70%×5回 ③75～85%×2～5回×2セット （爆発的動作で行う）
❹維持期 （セット間休息:2分）	①50%×10回 ②70%×5回×3セット

③スクワット

❶筋肥大期 （セット間休息:1分、セットごとに重量を減らす）	①50%×10回 ②60～70%×8～10回×3セット
❷筋力養成期 （セット間休息:2～4分）	①50%×10回 ②70%×5回 ③80～90%×1～5回×2セット
❸パワー養成期 （セット間休息:2～4分）	①50%×10回②70%×5回 ③75～85%×2～5回×2セット（爆発的動作で行う）
❹維持期 （セット間休息:2分）	①50%×10回 ②70%×5回×3セット

④下肢の補助エクササイズ（１種目選択）
8～10RM×8～10回×2セット（セット間休息:1分）
エクササイズ例
レッグカール、スティッフレッグドデッドリフト、
レッグエクステンション
　体幹の補助エクササイズ（2種目選択）
15回×各2セット

⑤エクササイズ例
クランチ、ツイスティングシットアップ、
ライイングサイドベント、バックエクステンション、
姿勢支持エクササイズ

Bコース（上半身）

①専門的エクササイズ
競技特性や技術課題に応じたエクササイズ（Aコースと異なるもの）を１～３種目２セット（セット間休息:２分）

②ベンチプレス

❶筋肥大期 （セット間休息:30～90秒、セットごとに重量を減らす）	①50%×10回 ②10RM×最大反復×3セット
❷筋力養成期 （セット間休息:2～4分）	①50%×10回 ②70%×5回 ③80～90%×1～5回×2セット
❸パワー養成期 （セット間休息:2～4分）	①50%×10回②70%×5回 ③75～85%×2～5回×2セット （爆発的動作で行う）
❹維持期 （セット間休息:2分）	①50%×10回 ②70～80%×5回×3セット

③上肢の補助エクササイズ
背部、肩部、腕部のエクササイズを各1種目、
合計3種目選択　各種目8～10RM×8～10回
×2セット（セット間休息:1分）
エクササイズ例
背部:ラットプルダウン、シーティッドロウ、
　　　　ワンハンドダンベルロウ
肩部:ショルダープレス、サイドレイズ
腕部:バーベルカール、
　　　　ライイングトライセップスエクステンション

④傷害予防のエクササイズ
専門スポーツで傷害を起こしやすい部位や過去にケガをした
ことがある部位のエクササイズを1～2種目選択
15～20回×各2セット

3 競技シーズンに応じたプログラム

　ここでは、トレーニング経験を積んだ大学バレーボール選手を例に挙げて、競技シーズンに応じた年間計画と各期のプログラムの具体的な作成方法を紹介します。

1 年間計画の立て方

　年間の主な試合としては、前半に4〜5月の春季リーグ戦と、6月下旬の東日本学生選手権、後半に9〜10月の秋季リーグ戦と12月初旬の全日本学生選手権が予定されていることから、「準備期」「試合期」「移行期」が1年間に2循環するように配置します。前半の第1試合期に向けた第1準備期には、筋肥大期、筋力養成期、パワー養成期をそれぞれ4週間ずつ、後半の第2試合期に向けた第2準備期には、筋肥大期、筋力養成期、パワー養成期を2〜3週間ずつ充当します。

表 5-12 **年間計画**

月	1				2				3					4				5					6			
週番号	1	2	3	4	5	6	7	8	9	10	11	12	13	14	15	16	17	18	19	20	21	22	23	24	25	26
競技・練習日程														←		春季リーグ戦				→					東日本学生	
形態・体力測定	●										●															
期分け	第1準備期												第1試合期													第1移行期
	筋肥大期				筋力養成期				パワー養成期				維持期													

月	7				8				9					10				11					12			
週番号	27	28	29	30	31	32	33	34	35	36	37	38	39	40	41	42	43	44	45	46	47	48	49	50	51	52
競技・練習日程					←	夏期合宿		→	←		秋季リーグ戦					→							全日本学生			
形態・体力測定	●																									
期分け	第2準備期								第2試合期														第2移行期			
	筋肥大期		筋力養成期		パワー養成期				維持期								ピーキング期				維持期					

2 筋肥大期のプログラム

　筋力は筋の断面積に比例するため、より大きな筋力を養成するためには、競技に必要な範囲内で筋肉量を増やすことが必要となります。このような観点から、準備期の

最初には大筋群を中心とした各部の筋肥大を主目的としたプログラムを実施します。

また、この期間のトレーニングは、その後に予定されている強度の高いトレーニングに備えて、靱帯および腱の強化や筋持久力の向上を図ることも目的としています。

表 5-13 発筋肥大期のプログラム例

●週3〜4回、AコースとBコースを交互に実施します

Aコース（上半身）

主要エクササイズ

❶ベンチプレス(P136)	10RM×10回×4セット

補助エクササイズ

①胸のエクササイズ

❶ダンベルフライ(P138)	10RM×10回×2セット

②背部のエクササイズ（2種目選択）

❶ラットプルダウン(P148)	10RM×10回×3セット
❷シーティッドロウ(P145)	10RM×10回×3セット
❸ワンハンドダンベルロウ(P146)	10RM×10回×3セット

③肩のエクササイズ

❶シーティッドショルダープレス(P160)	10RM×10回×3セット
❷サイドレイズ(P154)	10RM×10回×3セット

④上腕二頭筋のエクササイズ（1種目選択）

❶バーベルカール(P161)	10RM×10回×3セット
❷スタンディングダンベルカール(P162)	10RM×10回×3セット

⑤上腕三頭筋のエクササイズ（1種目選択）

❶ライイングトライセプスエクステンション(P164)	10RM×10回×3セット
❷トライセプスプレスダウン(P165)	10RM×10回×3セット

⑥肩の傷害予防のためのエクササイズ

❶肩の内旋（チューブ使用）(P160)	20回×2セット
❷肩の外旋（チューブ使用）(P160)	20回×2セット

Bコース（下半身と体幹）

主要エクササイズ

❶パワークリーン(P192)	50〜60%×8〜10回×4セット
❷スクワット(P169)	60〜70%×8〜10回×4セット

補助エクササイズ

①大腿四頭筋のエクササイズ

❶レッグエクステンション(P174)	10RM×10回×3セット

②ハムストリングスのエクササイズ（1種目選択）

❶スティッフレッグドデッドリフト(P177)	15〜20RM×10回×3セット
❷レッグカール(P178)	10RM×10回×3セット

③体幹のエクササイズ（3種目選択）

❶クランチ(P183)	15RM×15回×2セット
❷ツイスティングシットアップ(P188)	15RM×15回×左右×2セット
❸ライイングサイドベンド(P187)	15RM×15回×2セット
❹バックエクステンション(P189)	15RM×15回×2セット
❺姿勢支持エクササイズ(P190)	5秒静止×左右5回×2セット

④足首の傷害予防のためのエクササイズ（2種目選択）

❶トゥーレイズ（チューブ使用）(P182)	20回×2セット
❷足首の外反（チューブ使用）(P182)	20回×2セット

3 筋力養成期のプログラム

筋肥大期の次は、主要なエクササイズの最大挙上重量の向上を主目的とした筋力養成期へと移行します。ここで養成された最大筋力は、スポーツの動作パワーの向上を図るためのベースとして活用することができます。

この期間には、主要なエクササイズについては、最大に近い高負荷を使用します。

表 5-14 **筋力養成期のプログラム例**

●週3回、AコースとBコースを交互に実施します

Aコース（上半身）

専門的エクササイズ

❶ダンベルプッシュプレス(P194) 5回×3セット

主要エクササイズ

❶ベンチプレス(P136)	1〜2回目：①50%×10回 ②70%×5回③80%×5回 ④80%×5回⑤80%×5回 3〜4回目：①50%×10回 ②70%×5回③85%×3回 ④85%×3回⑤85%×3回 5〜6回目：①50%×10回 ②70%×5回③80%×3回 ④90%×1〜2回⑤90%×1〜2回

補助エクササイズ

①背部のエクササイズ

❶ラットプルダウン(P148)	10RM×10回×2セット
❷シーティッドロウ(P145)	10RM×10回×2セット

②肩のエクササイズ

❶サイドレイズ(P154)	10RM×10回×2セット

③上腕二頭筋のエクササイズ（1種目選択）※

❶バーベルカール(P161)	10RM×10回×2セット
❷スタンディングダンベルカール(P162)	10RM×10回×2セット

④上腕三頭筋のエクササイズ（1種目選択）※

❶ライイングトライセプスエクステンション(P164)	10RM×10回×2セット
❷トライセプスプレスダウン(P165)	10RM×10回×2セット

⑤肩の傷害予防のためのエクササイズ

❶肩の内旋(チューブ使用)(P160)	20回×2セット
❷肩の外旋(チューブ使用)(P160)	20回×2セット

Bコース（下半身と体幹）

主要エクササイズ

❶パワークリーン(P192) ❷スクワット(P169)	1〜2回目：①50%×10回 ②70%×5回③80%×5回 ④80%×5回⑤80%×5回 3〜4回目：①50%×10回 ②70%×5回③85%×3回 ④85%×3回⑤85%×3回 5〜6回目：①50%×10回 ②70%×5回③90%×1〜2回 ④90%×1〜2回⑤90%×1〜2回

専門的エクササイズ

❶サイドランジ(P173)またはリーチランジ(P197) 12回×左右×2セット

補助エクササイズ

①ハムストリングスのエクササイズ（1種目選択）※

❶スティッフレッグドデッドリフト(P177)15〜20RM×10回×2セット
❷レッグカール(P178) 10RM×10回×2セット

②体幹のエクササイズ（3種目選択）※

❶クランチ(P185)	15RM×15回×2セット
❷ツイスティングシットアップ(P188)15RM×15回×左右×2セット	
❸ライイングサイドベンド(P187)15RM×15回×2セット	
❹バックエクステンション(P189)15RM×15回×2セット	
❺姿勢支持エクササイズ(P190)5秒静止×左右5回×2セット	

③足首の傷害予防のためのエクササイズ（2種目選択）※

❶トゥーレイズ(チューブ使用)(P182)	20回×2セット
❷足首の外反(チューブ使用)(P182)	20回×2セット

※実施種目は毎回変える

---

4 パワー養成期のプログラム

　筋力養成期が終了したあと、試合期までの期間には、競技動作のパワー向上を主目的としたパワー養成期を配置します。

　パワー養成期には、パワークリーンのような爆発的な動作によるトレーニングや、専門スポーツに関連した動作や条件によるトレーニングを通じて、筋力養成期に向上させた最大筋力を、競技動作のパワーや競技パフォーマンスの向上へと転化させることをねらいます。

表 5-15 パワー養成期のプログラム例

●週3回、AコースとBコースを交互に実施します

Aコース（上半身）

専門的エクササイズ

❶ダンベルプッシュプレス(P194)	5回×3セット	
❷メディシンボールシットアップスロー	10回×2セット	
❸メディシンボールオーバーヘッドスロー(P196)	10回×2セット	

主要エクササイズ

❶ベンチプレス(P136)	1～2回目:①50%×10回②70%×5回③75%×5回④75%×5回⑤75%×5回 3～4回目:①50%×10回②70%×5回③80%×3回④80%×3回⑤80%×3回 5～6回目:①50%×10回②70%×5回③85%×2～3回④85%×2～3回⑤85%×2～3回

補助エクササイズ

①背部のエクササイズ(2種目の中から1種目選択)※

❶ラットプルダウン(P148)	10RM×10回×2セット
❷シーティッドロウ(P145)	10RM×10回×2セット

②肩のエクササイズ

❶サイドレイズ(P154)	10RM×10回×2セット

③腕部のエクササイズ(2種目の中から1種目選択)※

❶バーベルカール(P161)	10RM×10回×2セット
❷トライセプスプレスダウン(P165)	10RM×10回×2セット

④肩の傷害予防のためのエクササイズ

❶肩の内旋(チューブ使用)(P160)	20回×2セット
❷肩の外旋(チューブ使用)(P160)	20回×2セット

Bコース（下半身と体幹）

主要エクササイズ

❶パワークリーン(P192) ❷スクワット(P169)	1～2回目:①50%×10回②70%×5回③75%×5回④75%×5回⑤75%×5回 3～4回目:①50%×10回②70%×5回③80%×3回④80%×3回⑤80%×3回 5～6回目:①50%×10回②70%×5回③85%×2～3回④85%×2～3回⑤85%×2～3回

専門的エクササイズ

❶スクワットジャンプ(P195)	5回×2セット
❷サイドランジ(P173)またはリーチランジ(P197)	12回×左右×2セット

補助エクササイズ

①ハムストリングスのエクササイズ(1種目選択)※

❶スティッフレッグドデッドリフト(P177)	15～20RM×10回×2セット
❷レッグカール(P178)	10RM×10回×2セット

②体幹のエクササイズ(2種目選択)※

❶クランチ(P183)	15RM×15回×2セット
❷ツイスティングシットアップ(P188)	15RM×15回×左右×2セット
❸バックエクステンション(P189)	15RM×15回×2セット

③足首の傷害予防のためのエクササイズ(2種目選択)※

❶トゥーレイズ(チューブ使用)(P182)	20回×2セット
❷足首の外反(チューブ使用)(P182)	20回×2セット

※実施種目は毎回変える

5 試合期のプログラム

試合期には、技術や戦術の練習が重視されるため、筋力トレーニングの量や所要時間を最小限に抑え、これまでに養成した筋力やパワーを維持することを主目的としたプログラムを実施します。筋力の維持を目的とした場合には、70～80%1RM の負荷を用いて、5～8回、3セット程度の内容を採用します。

チームスポーツの場合、試合への出場機会が少ない控え選手については、試合期にも準備期と同様の体力強化を目的としたプログラムを実施する場合があります。

陸上競技や競泳のように、試合シーズン中の特定の試合で高いパフォーマンスを発揮したい場合には、試合期に入っても、目的とした試合日に向けて高強度のトレーニングを継続する場合があります。ただし、強度の高いトレーニングが続くと、蓄積疲労を招くことがあるため、強度や量の微調整を行い、疲労の回復を図ります。

試合期の終了後には、数週間の移行期を設けて、心身の疲労回復や傷害部位の改善を図り、次の準備期に備えます。

この期間には、通常筋力トレーニングは行わず、軽めの運動や有酸素性運動などを実施します。

表 5-16 **維持期**（試合期）**のプログラム例**

●週1～2回実施します

主要エクササイズ（2種目選択）

パワークリーン(P192)	70～80%×5回×3セット
スクワット(P169)	70～80%×5回×3セット
ベンチプレス(P136)	70～80%×5回×3セット

補助エクササイズ

①背部のエクササイズ（1種目選択）

ラットプルダウン(P148)	10RM×10回×2セット
シーティッドロウ(P145)	10RM×10回×2セット

②肩のエクササイズ

サイドレイズ(P154)	10RM×10回×2セット

③ハムストリングスのエクササイズ（1種目選択）

スティッフレッグドデッドリフト(P177)	15～20RM×10回×2セット
レッグカール(P178)	10RM×10回×2セット

④体幹のエクササイズ（2種目選択）

クランチ(P185)	15RM×15回×2セット
ツイスティングシットアップ(P188)	15RM×15回×左右×2セット
バックエクステンション(P189)	15RM×15回

⑤傷害予防のためのエクササイズ（2種目選択）

肩の内旋（チューブ使用）(P160)	20回×2セット
肩の外旋（チューブ使用）(P160)	20回×2セット
トゥーレイズ（チューブ使用）(P182)	20回×2セット
足首の外反（チューブ使用）(P182)	20回×2セット

［高校選手で年間を通じて試合がある場合は？］

高校スポーツの場合、年間にわたって分散的に試合が予定されていることが多く、筋力トレーニングの明確な期分けを設定しにくいことが多いようです。体力レベルが低く、からだづくりや筋力強化が課題となる1年生の場合には、試合の有無にかかわらず、年間に渡って強化を目的としたプログラムを実施しても構いません。試合に出場する場合には、3日～1週間前からトレーニング内容を軽減して試合に備えます。

2年生以上の選手が、期分けしたプログラムを採用したい場合には、試合の重要度や優先順位を考慮して、年間に2～3カ月程度は、腰を据えて筋力トレーニングに集中できる準備期を確保するようにします。

筋力トレーニングの実技の基本事項

この章では、筋力トレーニングを実践する上で知っておきたい基本事項について整理します。

1 筋力トレーニングで使用する器具と負荷手段

1 フリーウエイト

フリーウエイトとは、文字通りフリー（自由）な軌道で動作が行える器具を意味し、バーベルやダンベルなどがこれに当たります。フリーウエイトを使用する際に用いる周辺機器として、ベンチやラック、プラットフォームなどがあります。

❶バーベル

バーベルは、トレーニング実施者が保持する部分である棒状の「バー」または「シャフト」と、バーの両側に装着するおもりとなる「プレート」、そしてプレートの脱落を防ぐための留め金である「カラー」または「ストッパー」の3点で構成されています。

バーには、さまざまなタイプがありますが、プレートをセットする部分が回転するタイプ（回転式）と回転しないタイプ（非回転式）とがあります。パワークリーンのように手首を返す動作を伴うエクササイズの場合には、手首に負担がかかりにくい回転式のバーがすすめられます。最も標準的なバーベルは、ウエイトリフティング競技で採用されている通称「オリンピックバー」と呼ばれるものです。オリンピックバーは、全長2.2m、重量20kgの回転式であり、装着するプレートの内径は50mmという仕様になっています。

バーベルカールのような小筋群のエクササイズでは、非回転式の短いバー（全長1.2～1.8m、7.5～15kg、プレート内径28mm）を使用する場合もあります。

一般に市販されているプレートの重量

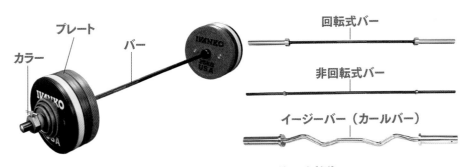

プレート
カラー
バー

回転式バー

非回転式バー

イージーバー（カールバー）

プレート

内径50mm（左）と内径28mm（右）の2種類がある

カラーの使用法（例）

リングを内側にしてバーにセット

外側のネジを締める

プレートにゆるみがある場合はリングを内側にねじ込む

は、1.25kg、2.5kg、5kg、10kg、15kg、20kg の6種類で、これらを組み合わせることによって適切な重量に調整することができます。ラックにセットされたバーにプレートの着脱を行う場合は、バーベルの転倒を防止するために、必ず2名で左右同時に行うようにします。

バーにプレートを装着したら、プレートの脱落を防ぐために必ずカラーを使用してください。カラーにはさまざまなタイプがありますが、ウエイトリフティング競技では、1個2.5kg のカラーが採用されています。その他、クリップ式など着脱が簡単に行えるものもあります。

❷ダンベル

ダンベルは片手で保持できるウエイトであり、特定の重量にセットされた「重量固定式」と、プレートの着脱によって重量を変えることができる「重量調節式」の2種類があります。

重量固定式ダンベルには、鋳型に金属を流し込んで作られた鋳造タイプのものと、シャフトにプレートを装着したタイプのものとがあります。重量を調節する手間がかからない反面、重量を調節したい場合には、重量の異なるダンベルをたくさんそろえる必要があります。このため、重量固定式ダンベルは、設置スペースに余裕があり、多人数が利用するトレーニング施設で使用されます。

重量調節式ダンベルは、プレートの着脱の手間がかかりますが、1組のシャフトに対して、複数のプレートをそろえれば、狭い設置スペースでも負荷を自由に調節できる利点を持っています。重量調節式ダンベルは、自宅など設置スペースが限られている場合や予算が少ない場合などにすすめられます。

ダンベルは、バーベルと比べて大きな可動域で動作が行える、ひねりなどの多様な動きが可能、左右別々の動きが可能などの利点があります。

ダンベル

ラバーコーティングタイプ

クロームメッキタイプ

❸フリーウエイト周辺機器

【ベンチ】

フリーウエイトによるエクササイズでは、各種ベンチやラックを使用します。ベンチには、平らな「フラットベンチ」のほか、背もたれの角度が斜めや垂直にも調節できる「アジャスタブルベンチ」などがあります。また、ベンチプレスを行うときには「ラックつきベンチ」も使用されます。

その他、体幹のトレーニングを行う際に使用される「アブドミナルボード（腹筋台）」や「ローマンベンチ」と呼ばれる器具もあります。

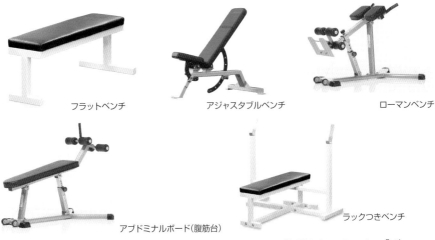

フラットベンチ　　　　　アジャスタブルベンチ　　　　ローマンベンチ

アブドミナルボード（腹筋台）　　　　　　　ラックつきベンチ

【ラック】

ラックには、スクワットを行う際に使用される「パワーラック」のように、トレーニング時にバーベルを適切な位置にセットするために使用されるものと、「ダンベルラック」「プレートラック」「バーベルラック」のように器具を整理して保管するために用いられるものとがあります。

ダンベルラック

パワーラック　　　　　　　　プレートホルダー　　　バーベルラック

【プラットフォーム】

　デッドリフトやパワークリーンなどの実施時に、バーベルが床に落下しても、バーベルや床が損傷しないようにするために設置される器具です。

　プレートが落下する部分は衝撃吸収性がよい素材で作られています。

プラットフォーム

［ダンベルとアレイの違いは？］

　国内では、重量固定式ダンベルのことを「鉄アレイ」と呼ぶことがあります。

　ダンベルは英語表記では、"Dumbbell"であり、"dumb"は「音が出ない」、"bell"は「鈴」を意味し、ダンベルとは「音が出ない鈴」と直訳されます。

　「アレイ」は、「音が出ない」を「唖：ア」に置き換え、これに「鈴：レイ」をつけて作られた言葉であると考えられています。

　「アレイ（唖鈴）」は「ダンベル」を翻訳して作られた日本語なのです。

［自宅トレーニーのためのダンベルのそろえ方］

　ダンベルの使用重量は、男性初心者の場合、上半身のエクササイズでは3〜5kg、下半身のエクササイズでは7〜10kgが目安となります。

　しかし、トレーニングを開始すると、種目によっては15〜20kgの重量が使用できるようになってきます。これらのことから、ダンベルを購入する場合には、重量調節式の20kgのダンベルを2個購入することをおすすめします。

　シャフト（約2.5kg）、プレート（5kg×2枚、2.5kg×2枚、1.25kg×2枚）、カラー2個で構成されるダンベルセットの場合、2.5kg、5kg、7.5kg、10kg、12.5kg、15kg、17.5kg、20kgというように、2.5kg刻みで、8段階の重量に調節することができます。

　筋力が向上してさらに高重量が扱えるようになった場合には、プレートを単品で購入することで対応することができます。

2 トレーニングマシン

筋力トレーニングをより安全に効率よく行えるように工夫して作られたトレーニング器具として、トレーニングマシンがあります。

トレーニングマシンの負荷抵抗方式には、板状のおもりを積み重ね、ピンを差し込むことによって負荷の調節を行う「ウエイトスタック式」のほか、エアーコンプレッサー装置からマシンのシリンダー内に空気を送り込み、これを負荷抵抗として利用した「空気圧式」、油圧シリンダーの負荷抵抗を利用した「油圧式」などがあります。

ウエイトスタック式のトレーニングマシンは、他の負荷抵抗方式のマシンと比べて、日常生活やスポーツとの関連が高く、負荷が視覚的に確認できて達成感が高いことなどから、現在最も普及しています。

トレーニングマシンには、動作中に負荷が変化しない「一定抵抗方式」と、動作中に負荷が変化する「可変抵抗方式」の2つのタイプがあります。可変抵抗方式は、関節角度によって発揮できる筋力に違いがあることから、強い力が発揮できる動作範囲では強い負荷がかかり、発揮できる力が弱くなる動作範囲では負荷が軽減されるように配慮されています。ほとんどのマシンでは、楕円形の回転板の外側をケーブルが通過する際に負荷が調節される仕組みになっています。

マシンの使用にあたっては、安全のためにシートやパッド、アームなどを適切な位置に調節することが必要です。また、ウエイトスタック式のマシンの場合、動作中には、動いているウエイトが下部のウエイトにぶつからないように注意します。

マシンの負荷抵抗方式

ウエイトスタック式

空気圧式

油圧式

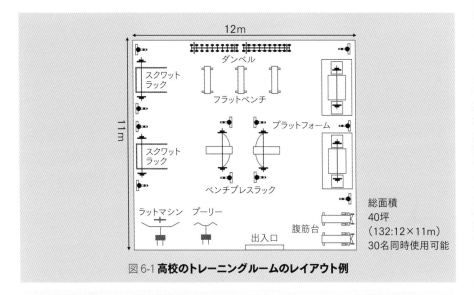

12m

11m

ダンベル

スクワット
ラック

フラットベンチ

プラットフォーム

スクワット
ラック

ベンチプレスラック

ラットマシン　プーリー

出入口

腹筋台

総面積
40坪
（132:12×11m）
30名同時使用可能

図6-1 **高校のトレーニングルームのレイアウト例**

［器具の整備とレイアウトのコツ］

限られた予算の中で、使い勝手のよいトレーニングルームを作るためには、器具をどのように購入し、整備したらよいでしょうか。例えば、高校の場合、複数のクラブが所有しているトレーニング器具を1カ所に集めてみると、それだけでも小規模なトレーニングルームができてしまうケースもあります。また、各クラブ共同の予算で器具を購入したり、トレーニング器具の中古市場を利用したりする方法もリーズナブルです。

器具を購入する場合は、フリーウエイトを優先的に導入し、マシンについては、フリーウエイトではできない動作の機種（上から下に引き下ろす動作のラットマシンや、水平方向にケーブルを引くプーリーなど）を中心に、予算の範囲で導入することをおすすめします。

トレーニングルームの広さは、利用者1人あたり、およそ2.5㎡を目安として決定します。20名の選手が同時にトレーニングを行いたい場合には、50㎡程度の広さを確保したいものです。その他、床の耐荷重(1㎡あたり500〜700kg以上)や、天井高(立位でバーベルを挙上したときにぶつからない高さ:3.5m以上)、換気や空調の能力などについても考慮することが必要です。

トレーニング器具のレイアウトの際には、多人数が1つのエリアに集中しないようにすること、同じ部位の器具はまとめて配置すること、高さのある器具は壁面近くに置くこと、器具間には60〜90cmの間隔を空けること、利用者が移動する動線（通路）として最低90cmの幅を確保することなどがポイントとなります。

3 その他の負荷手段

❶体重負荷（自重）

　腕立て伏せや腹筋運動のように、自分の体重を負荷として利用するトレーニング手段です。器具がなくても気軽に始められ、姿勢支持能力やバランス能力の改善にも効果的ですが、負荷の調整が難しい側面があります。負荷を微調整したい場合には、姿勢を変えたり、チューブを併用したりする方法が用いられます。

❷チューブ

　ラバー製の弾性体を負荷として利用するトレーニング手段です。帯状のタイプは「ラバーバンド」、筒状のタイプは「チューブ」と呼ばれています。以前は、自転車の古チューブを利用する方法が用いられましたが、現在ではトレーニング専用の使い勝手のよいチューブが市販されています。

　チューブを用いたトレーニングは、重力の方向に影響を受けることなく、水平方向や下方向の動きに対しても負荷を加えることができる長所を持っています。また、器具が軽く、わずかなスペースにも保管できるメリットもあります。

　チューブトレーニングの実施にあたっては、チューブを伸ばすほど負荷が大きくなる特徴を考慮して、負荷や回数を設定することが必要です。動作の前半では軽く感じられても、動作の後半にはきつくなってしまうことを理解しておきましょう。

　使用するチューブは、トレーニング中の破断を避けるために、一定期間ごとに新し

体重負荷（自重）

いものに取り替えるようにします。また、トレーニング前には損傷がないかどうか確認することも必要です。

❸徒手抵抗

　パートナーの力を負荷として利用するトレーニング手段です。徒手抵抗による筋力トレーニングには、トレーニング実施者の疲労や関節角度に応じて、負荷を微調整することができる利点があります。

　また、フリーウエイトでは負荷をかけにくい動き（ひねりの動きなど）や競技の専門的な動作、伸張性収縮を強調したトレーニングなどへの対応も可能です。ただし、トレーニング効果は、負荷を加えるパートナーのテクニックに左右されることを心得ておくことが必要です。

❹メディシンボール

　1～5kg程度のトレーニング用のボールです。上半身や体幹のパワー向上を目的としたトレーニングでよく使用されます。曲線軌道の動作や、スポーツ動作を再現した動きのエクササイズを行う際に効果的な負荷手段です。

チューブ

徒手抵抗

メディシンボール

［懸垂が1回もできない人ができるようになるための裏技］

　懸垂（懸垂腕屈伸）が1回もできない人の場合、ぶらさがっているだけでは、筋力を向上させることはできません。鉄棒を使って懸垂ができるようになるためには、次のような2つの方法を試してみてはいかがでしょうか。

　1つ目は、強めのチューブを背中から引っ張って脇の下を通して手で握り、チューブの張力によるアシストを利用して5～10回の反復を行う方法です。反復回数の伸びに応じてチューブの張りを少しずつゆるめていくと、最終的にはチューブがなくても懸垂ができるようになっていきます。

　2つ目は、鉄棒の下に踏み台を置き、からだを上げていく局面では、台の上にのせた足を使い、からだを下ろしていく局面では、足を台から離して自力で持ちこたえながらゆっくりと下ろす方法です。この方法は、下ろす動作で持ちこたえる伸張性収縮の筋力が、上げる動作の短縮性収縮の筋力よりも1.5倍程度強い性質を利用したもので、下ろす動作だけでもゆっくりと5～10回反復するトレーニングを続けていくと、これに伴い上げる局面の筋力も伸び、最終的には懸垂ができるようになります。

チューブを使ったアシスト法　踏み台を使ったトレーニング法

2 トレーニング動作のポイント

1 動作中の姿勢支持

一部の体幹のエクササイズを除いて、筋力トレーニングの動作中には、腰の傷害を防ぐために、腰背部を常に一定の姿勢に保つことが必要です。

腰が反ったり丸まったりしないように注意しましょう。

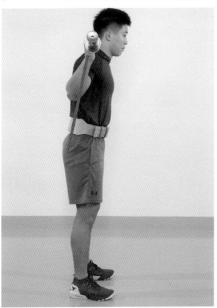
スクワットの立った姿勢

しゃがんだ姿勢

2 動作の大きさ

トレーニング動作は、動かせる範囲（可動域）全体を使って行うように心がけます。可動範囲を超えるような大きな動きを行うことは、ケガの原因になるので避けてください。

特に、ウエイトを下ろすときに脱力すると、可動範囲を超えて関節を痛めてしまうことがあるので注意しましょう。柔軟性が低く可動域が狭い人は、無理に可動域を大きくする必要はありません。

3 動作のスピード

筋力トレーニングの動作スピードは、目的によって使い分けると効果的です。動作スピードには「スローリフト」と「スピードリフト」という2つのタイプがあります。

「スローリフト」は、加速を制限して、ゆっくりとした動作スピードで行う方法であり、初心者がフォームの習得を目的とした場合や、筋肥大を目的とした場合に使用されます。上げる動作と下ろす動作をそれぞれ2～3秒の一定スピードで行います。

「スピードリフト」は、加速的にすばやい動作スピードで行う方法であり、筋力やパワーを高めることを目的とした場合に用いられます。上げる動作は最大の速度で行い、下ろす動作は脱力しない程度で1～2秒の一定スピードで行います。

表 6-1 **筋力トレーニングの動作スピードの目安**

目的	上げる動作	下ろす動作
フォームの習得	3カウント （一定スピード）	3カウント （一定スピード）
筋肥大	2カウント （一定スピード）	2～3カウント （一定スピード）
筋力・パワー向上	全力スピード	1～2カウント※ （一定スピード）

※低負荷を用いて、下ろす動作や切り返し動作をすばやく行う場合もある

4 動作中の呼吸

息を止めた状態で力を発揮する「怒責（どせき）」を行うと、胴体内部の圧力（腹腔内圧）が高まって、正しい姿勢が保ちやすくなり、大きな力が発揮しやすくなります。しかし、怒責は、血圧の急上昇や立ちくらみを引き起こす危険性があるため、初心者や中高齢者の場合は十分な注意が必要です。これらのことを配慮して、筋力トレーニングを行う際には、トレーニング経験、使用重量、エクササイズの種類などによって呼吸法を使い分けます。代表的な呼吸法は以下の通りです。

❶一般的な呼吸法（怒責を避ける方法）

ウエイトを上げる局面で息を吐き、下ろす局面で息を吸う呼吸法です。怒責による血圧の急上昇を避けることを目的としており、初心者や中高齢者に多く用いられています。経験者でも、高負荷を扱わない場合にはこの方法が採用されます。

怒責は、ウエイトを上げる動作の中で、最も大きな力の発揮が必要とされるポジション（スティッキングポイント）付近で起こりやすくなるため、ウエイトを上げる局面で息を吐くようにすると、怒責による血圧の急上昇を避けることができます。

呼吸の際には、胸郭や体幹の動きを考慮するとさらに効果的です。例えば、シーティッドロウのように、引く動作の際に

ウエイトを挙上するエクササイズの場合には、ウエイトを上げるときに胸郭が広がって肺に空気が入りやすくなることから、ウエイトを上げるときに息を吸い、下ろすときに息を吐く呼吸法を採用しても構いません。

体幹部については、前屈するときに胴体内部の圧力が高まることから息を吐き、後屈する動作のときには息を吸うようにします。例えば、トランクカールの場合、腰背部を丸める動作中に息を吐くことによって、肺の中の空気が排出されて腹圧が降下し、腹直筋を収縮させる動作が行いやすくなります。

❷息を止める呼吸法（怒責を伴う方法）

ウエイトを下ろす局面で息を吸い、下ろしきったポジションで息を止めてウエイトを挙上し、スティッキングポイントを通過したあとに息を吐く呼吸法です。トレーニング経験を積んだ人が高負荷を使用するときに、限定して採用することをおすすめします。

スクワットやデッドリフトのようなエクササイズで高負荷を扱う場合には、息を止めて力を発揮する「怒責」を伴う呼吸法を採用すると、姿勢の安定やより大きな筋力発揮に役立ちます。ただし、からだへの負担が大きいため、反復回数は最大でも5回程度までにとどめておいたほうがよいでしょう。

表 6-2 筋力トレーニングの呼吸法の目安

	種類	方法	対象・用途
息を止めない呼吸法（怒責を避ける方法）	一般的方法	上げる動作:吐く 下ろす動作:吸う	●初心者、中高齢者に適用可能 ●主として低～中程度の負荷を使用する場合
	胸郭の動きを考慮した呼吸法	押す動作(胸郭が縮小):吐く 引く動作(胸郭が拡大):吸う	
	体幹の動きを考慮した呼吸法	体幹が前屈:吐く 体幹が後屈:吸う	
息を止める呼吸法（怒責を伴う方法）		下ろす動作:吸う 下ろしきったポジション:息を止める 上げる動作のスティッキングポイント通過後:吐く	●経験者やスポーツ選手に適用 ●高負荷を使用する場合

※上げる動作：主働筋が短縮性収縮を行う局面。下ろす動作：主働筋が伸張性収縮を行う局面

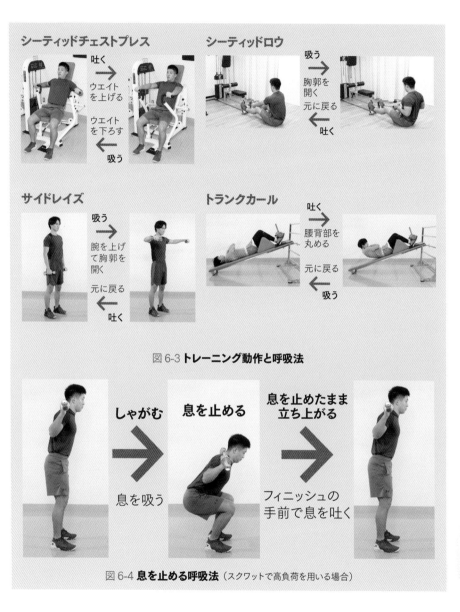

シーティッドチェストプレス

吐く
→
ウエイト
を上げる

ウエイト
を下ろす
←
吸う

シーティッドロウ

吸う
→
胸郭を
開く

元に戻る
←
吐く

サイドレイズ

吸う
→
腕を上げ
て胸郭を
開く

元に戻る
←
吐く

トランクカール

吐く
→
腰背部を
丸める

元に戻る
←
吸う

図 6-3 **トレーニング動作と呼吸法**

しゃがむ → **息を止める** → **息を止めたまま立ち上がる**

息を吸う

フィニッシュの
手前で息を吐く

図 6-4 **息を止める呼吸法**（スクワットで高負荷を用いる場合）

5 トレーニング中の補助

トレーニング中にウエイトを挙上できなくなったときや、バランスを崩したときなどの事故防止のために、補助者をつけることが必要です。特に次のようなエクササイズを行う際には、必ず補助者をつけるようにしましょう。

● 肩より上にウエイトを挙上するエクササイズ（ベンチプレス、ダンベルフライ、ショルダープレスなど）
● バーベルを肩にのせた状態で行うエクササイズ（スクワットなど）

初心者や高齢者の場合には、上記以外のエクササイズについても、必要に応じて補助者をつけます。

バーベルによるエクササイズの場合には、バーベルの中央部をオルタネイティッド・グリップ（片逆手）で保持して補助を行います（写真❶）。ダンベルフライのように、左右に1個ずつダンベルを持って行うエクササイズの場合には、手首付近を保持して補助を行います（写真❷）。また、ダンベルプルオーバーのように1個のダンベルを持って行うエクササイズの場合には、ダンベル自体を両手で保持して補助を行います（写真❸）。

補助は通常1名で行いますが、スクワットを高重量で行う場合などには、バーベルの両側に2名の補助者がついて、左右同時に補助を行うこともあります。

トレーニング実施者が反復できなくなったときには、すぐに補助を開始し、2〜3秒程度の一定スピードでウエイトを開始姿勢まで挙上します。ベンチプレスでは、バーベルをラックへ戻すときに、手を挟まないように注意してください。

ベンチプレスの補助法

1 バーベルの中央を保持して補助を行う

ダンベルフライの補助法

2 手首付近を保持して補助を行う

プルオーバーの補助法

3 ダンベルを持って補助を行う

3 補助具の使用法

1 トレーニング用のベルト

　スクワットやデッドリフトのように、腰に負担がかかりやすいエクササイズを高負荷で行うときには、トレーニング用のベルトを使用すると正しい姿勢が保ちやすくなり、腰のケガの予防にも役立ちます。このような効果は、ベルトをウエストに巻きつけて適度に圧迫することによって、腹部の圧力（腹腔内圧）が高まることによるものです。

　ベルトは、男性の場合、ベルトの金具の上端の高さが、へそより下にくる位置を目安に、ややきつめに締めるとより大きな効果が期待できます。女性の場合は、ベルトでへそが隠れるくらいの高さに装着します。

　すべてのエクササイズでベルトを使用してしまうと、ベルトのない状態で姿勢を支持する能力が養いにくくなるといわれています。姿勢の支持がたやすいエクササイズを行う場合や、軽めのウエイトを使用する場合には、ベルトの使用は控えておきましょう。なお、ベルトを長時間きつく締めたままにしておくと、血行が悪くなることがあるため、時々ベルトをゆるめることを心がけましょう。

ベルトを装着したところ

トレーニング用のベルトは正しい姿勢を保ち、腰のケガを防ぐために役立つ

2 ストラップ

　バーを握る力を補うために使われるひも状の補助具をストラップと呼んでいます。ベントオーバーロウのような引く動作の種目や、デッドリフトのようにダンベルをぶら下げて行う種目を実施する際には、動作中に手が疲れて握る力が低下したり、手が滑ったりすることがあります。

　このような場合には、ストラップを使用すればグリップのゆるみを気にすることなく、動作に集中することができます。ただし、ベルトと同じように、ストラップに頼りすぎると、動作に必要とされる握力が養えなくなってしまうことがあるため、高重量を扱う場合に限定して使用してください。

ストラップ

ストラップの使用例

①ストラップの端を穴に通す

②ストラップを手首に固定

③バーの下からストラップを通す

④ストラップを手前に一周させてバーに巻きつけ、たるみを調整する

⑤バーに巻きつけたストラップとともにバーを握る

3 バーの握り方とスタンスの種類

1 グリップの幅によるバーの握り方の種類

スタンダードグリップ

各エクササイズの標準的なグリップ幅。別名ミディアムグリップ

ワイドグリップ

標準よりも広いグリップ幅

ナローグリップ

標準よりも狭いグリップ幅

2 手の向きによるバーの握り方の種類

オーバーハンドグリップ

手の甲が上向きになるグリップ

アンダーハンドグリップ

手のひらが上向きになるグリップ（使用例：バーベルカール）

オルタネイティッドグリップ

片手が順手、反対側の手が逆手のグリップ（使用例：デッドリフト）

パラレルグリップ

左右の手のひらが内側を向くグリップ（使用例：シーティッドロウ）

3 親指の位置によるバーの握り方の種類

サムアラウンドグリップ

親指をバーに一周させるグリップ

サムレスグリップ

親指をバーに巻きつけず、ほかの指とそろえて握るグリップ

フックグリップ

親指をバーに巻きつけたあと、親指の上に人差し指と中指をかぶせるようにして握るグリップ。ウエイトリフティングの競技種目等で用いられる

132

4 スタンスの種類

| スタンダードスタンス | ワイドスタンス | ナロースタンス | スプリットスタンス |

各エクササイズの標準的な足幅。別名：ミディアムスタンス

標準よりも広い足幅

標準よりも狭い足幅

左右の足を前後に開いたスタンス

4 筋力トレーニングを安全に行うために

1 体調のチェック

体調不良のときには、無理をせずにトレーニングを中止してください。睡眠不足や空腹または満腹のときにもトレーニングは避けるようにします。食事後、筋力トレーニングを開始するまでに2時間は空けるようにします。

2 ウォームアップとクールダウン

筋力トレーニングの実施前後にはウォームアップとクールダウンを行いましょう。

ウォームアップでは、軽めの有酸素性運動を5分程度行ったあと、からだの各部位を動かす体操や、動きを伴うストレッチング（動的ストレッチング）を5分程度行います。

筋力トレーニングを実施したあとのクールダウンでは、筋力トレーニングで疲労した部位を中心に、筋肉を伸ばして静止する静的ストレッチングを5〜10分程度行います。

3 正しいフォームで行う

　筋力トレーニングを行う際には、自分でコントロールできる範囲の負荷を用いて、正しい姿勢や動作、呼吸法を心がけます。

また、落下の危険性があるエクササイズについては、補助者を必ずつけるようにします。

4 器具のチェック

　トレーニング前には、使用する器具のチェックを必ず行いましょう。バーベルの左右に正しくウエイトがセットされているか？　バーベルやダンベルのカラー（留め金）のゆるみがないか？　マシンのシートやパッドがきちんとセットされているか？　といった点については、セットごとに必ず確認を行うようにします。

筋力トレーニングの実技

筋力トレーニングの代表的エクササイズ（全58種目）

1 胸部

1 ベンチプレス

使用部位:大胸筋、三角筋前部、上腕三頭筋
使用器具:バーベル、フラットベンチ(ラック付き)
呼吸:上げる動作:吐く　下ろす動作:吸う
※高負荷を用いる場合(経験者のみ採用)：息を吸いながらバーを下ろし、バーが胸に触れたら息を止めて挙上し、フィニッシュの手前で息を吐く
補助:必要(バーの中央部を保持して補助を行う)

Front　Back

Start

- ●ベンチに仰向けになって、両足を床につけ、肩幅より広めのグリップでバーを握る
- ●補助者のサポートを受けながらラックからバーを外し、肩の真上でバーを保持する

Finish　バーを下ろした姿勢

- ●バーを胸の上に下ろし、胸に触れたら開始姿勢まで押し上げる動作を反復する
- ●反復を終えたら補助者がサポートしながらバーをラックに戻す

Close-up

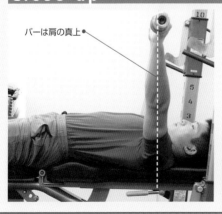

バーは肩の真上

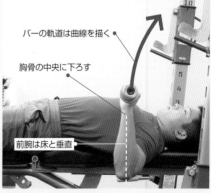

バーの軌道は曲線を描く

胸骨の中央に下ろす

前腕は床と垂直

Point

プレートの着脱は左右同時に行う

ベンチに対するからだのポジション
ラックにのせたバーの真下に目がくるように

グリップの幅
肘を肩と同じ高さにしたときに肘が直角になるように

バーの握り方
親指を内側に向けてバーと平行になるようにして握る

補助の方法
補助者はラックからバーを外すときと戻すときに必ずサポートする。反復できなくなったり、バランスが崩れたりしたときには、バーの中央部を保持して補助を行う

NG =起こりやすい間違い

手首が反った危険なグリップ
手首はつねにまっすぐの状態を保つ

腰をシートから浮かせて反らせた危険な姿勢
腰のケガを防ぐため、臀部はつねにシートにつけておく

バーベルが斜めになった危険なテクニック
利き手側が先に上がりやすい傾向があるが、左右のバランスを保ちながら動作を行う

Variation

ダンベルベンチプレス

バーベルの代わりにダンベルを使用した方法

器具がない場合

プッシュアップ

体重負荷による方法（P140 参照）

1 胸部

2 ダンベルフライ

使用部位:大胸筋、三角筋前部
使用器具:ダンベル、フラットベンチ
呼吸:上げる動作:吐く　下ろす動作:吸う
補助:必要(実施者の手首周辺を保持して補助を行う)

Front

Start

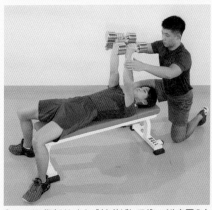

●ベンチに仰向けになり、肘を伸ばしてダンベルを肩の上で保持する

Finish ダンベルを下ろした姿勢

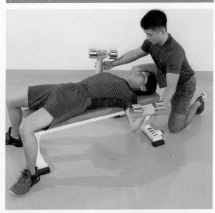

●肘を軽く曲げて、ダンベルを肩の真横に下ろし、ダンベルを開始姿勢まで挙上する動作を反復する

Close-up

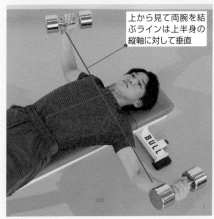

上から見て両腕を結ぶラインは上半身の縦軸に対して垂直

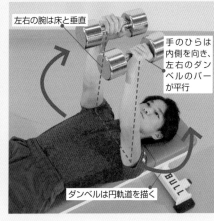

左右の腕は床と垂直

手のひらは内側を向き、左右のダンベルのバーが平行

ダンベルは円軌道を描く

138

Point ダンベルを移動させる方法（オンザニーテクニック）

開始姿勢までの動作

❶ベンチの端に座り、大腿部の上にダンベルを立てる

❷股関節の角度を保ったまま後方に倒れ込んで仰向けになる

❸両足を床に下ろしてダンベルを上げて開始姿勢をとる

終了後の動作

❶脇を締めて、ダンベルをゆっくりと下ろす

❷膝を上げて、大腿部をダンベルに近づける

❸股関節の角度を保ったまま、上半身を起こす

補助の方法

実施者の手首付近を持って補助を行う

N G =起こりやすい間違い

肘が胴体に近づいている
肩が外側にねじれて（外旋して）ケガをする危険があるので注意

ダンベルを上げたときに肩が上がってしまう
胸の筋肉が十分動員できなくなってしまうため、肩甲骨を内側に締め、動作中には肩が上がらないよう注意する

器具がない場合

フロアーダンベルフライ

ベンチがない場合に床の上で行う方法

1 胸部

3 プッシュアップ

使用部位:大胸筋、三角筋前部、上腕三頭筋
使用器具:なし
補助:不要

Front　**Back**

Start　開始姿勢

●肩幅よりやや広めの手幅で腕立て姿勢をとる

Finish　からだを下ろした姿勢

●肘を曲げて胸を床に近づけてからだをゆっくりと下ろし、開始姿勢までからだを押し上げる動作を反復する

Close-up

横から見て耳→肩→腰→膝→外くるぶしが一直線上になる

肩甲骨を内側に締めるようにして大胸筋をストレッチさせる

胸と床の間隔はこぶし1つ分くらい

Point

手の幅と向き
手の幅は、肩幅より手のひら2つ分くらい外側に開く。このとき、親指を内側に向けると、動作中に肘を外側に開きやすくなる

NG =起こりやすい間違い

腰が反った悪い姿勢
腹筋を収縮させて、まっすぐの姿勢を保つ

腰が丸まった悪い姿勢
背すじを伸ばして正しい姿勢に修正する

肩甲骨を固定したまま肘を曲げている動作
からだを下ろす時には肩甲骨を内側に締める

Variation

負荷を軽くしたい場合

壁に手をつけて行う

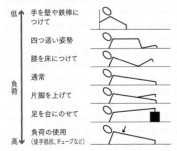

図7-1 **プッシュアップの負荷の調節方法**

低 ↑	手を壁や鉄棒につけて
	四つ這い姿勢
	膝を床につけて
負荷	通常
	片脚を上げて
	足を台にのせて
高 ↓	負荷の使用 (徒手抵抗、チューブなど)

四つ這い姿勢で行う

膝を床につけて行う

負荷を加えたい場合

片脚を上げる

両足を台にのせる

パートナーの抵抗(徒手抵抗)を用いる

チューブを使用する
チューブはさまざまな姿勢で負荷を微調整したい場合にも効果的

第1章 実技編
筋力トレーニングの実技

141

1 胸部

4 インクラインベンチプレス

使用部位:大胸筋上部、三角筋前部、上腕三頭筋
使用器具:バーベル、インクラインベンチ（ラック付き）
呼吸:上げる動作:吐く　下ろす動作:吸う
※高負荷を用いる場合（経験者のみ採用）:息を吸いながらバーを下ろし、バーが胸に触れたら息を止めて挙上し、フィニッシュの手前で息を吐く
補助:必要（バーを保持して補助を行う）

Front　　Back

Start

- インクラインベンチの背もたれの角度を30～40度を目安に調整し、ベンチに仰向けになる
- 肘と肩を同じ高さにしたときに肘が直角になるグリップ幅でバーを握る
- 補助者のサポートを受けながらラックからバーをはずし、肩の真上でバーを保持する

Finish

- バーが鎖骨に触れるまで下ろし、開始姿勢まで押し上げる動作を反復する
- 反復を終えたら補助者のサポートを受けながらバーをラックに戻す

Point

バーベルの軌道
床に対してほぼ垂直

補助の方法
反復できなくなったら、補助者はバーの中央部を保持して挙上し、ラックに戻す

NG =起こりやすい間違い

臀部がシートから浮いて腰が反っている
腹筋を収縮させて正しい姿勢に修正する

バーベルが斜めに上がっている
バーが床と平行になるように修正する

5 ディッピング

使用部位:大胸筋、
　　　　　三角筋前部、
　　　　　上腕三頭筋
使用器具:ディップスタンド
　　　　　（平行棒）または
　　　　　高めの台
呼吸:上げる動作:吐く
　　　下ろす動作:吸う
補助:不要

Front

Back

Start

Finish

●2本のバーの上に肘を伸
ばしてからだを支持する

●上半身をやや前傾させなが
らからだを下ろし、からだ
を上げる動作を反復する

6 シーティッドチェストプレス

使用部位:大胸筋、
　　　　　三角筋前部、
　　　　　上腕三頭筋
使用器具:シーティッド
　　　　　チェストプレス用
　　　　　マシン
呼吸:バーを押す動作:吐く
　　　バーを戻す動作:吸う
補助:不要

Front

Back

Start

Finish

●バーが脇の下の高さにくる
ようにベンチの高さを調節
して座り、背中をシートに
密着させる

●バーを両手で握って前方に
押し、開始姿勢に戻る動作
を反復する

7 バーティカルフライ

使用部位:大胸筋、
　　　　　三角筋前部
使用器具:バーティカル
　　　　　チェスト用マシン
呼吸:パッドを閉じる動作:
　　　吐く
　　　パッドを開く動作:
　　　吸う
補助:不要

Front

Start

Finish

●マシンの背もたれに背部
を密着させて座り、肘を曲
げてマシンのパッドに腕
を固定する

●左右のパッドを内側に閉
じ、十分に閉じきったら
パッドを開いて開始姿勢
に戻る

第1章　実技編
筋力トレーニングの
実技　実技

143

1 胸部

8 ケーブルクロスオーバー

使用部位:大胸筋、三角筋前部
使用器具:プーリー
呼吸:閉める動作:吐く 開く動作:吸う
補助:不要

Front

Start

● 左右のハンドルを握ってマシンの中央に立ち、上半身をやや前傾させ、肘をわずかに曲げて両腕を開いた開始姿勢をとる
● ケーブルと前腕部が平行になるように肩や肘の位置を調整する

Finish

● 左右のハンドルを曲線軌道で斜め下に引き寄せ、ゆっくりと開始姿勢の戻る動作を反復する
● 動作中には、前腕部とケーブルが常に平行になるように注意する

NG=起こりやすい間違い

肘の位置が下がる（肩が外旋する）
肘の位置をケーブルの真横に調整する

9 ケーブルチェストプレス

使用部位:大胸筋、三角筋前部
使用器具:プーリー
呼吸:閉める動作:吐く 開く動作:吸う
補助:不要

Front　Back

Start

● ハンドルを握ってマシンの中央より少し前方に前後開脚姿勢で直立する
● 肘を曲げて後方に引いて開始姿勢をとる

Finish

● 肘を伸ばして左右のハンドルを肩の前方に押し、ゆっくりと開始姿勢に戻る動作を反復する
● 肘を曲げながら開始姿勢に戻る

NG=起こりやすい間違い

上半身が前方に倒れ、背中が丸くなる
上半身を起こして肩甲骨を内側に引く

144

2 背部

10 シーティッドロウ

使用部位:広背筋、僧帽筋、菱形筋
使用器具:プーリー
呼吸:ハンドルを引く動作:吸う
　　　ハンドルを戻す動作:吐く
補助:不要

Back

Start

- マシンのハンドルを両手で握り、フットペダルに足をかけ、ハンドルを引きながらシートに座る。膝は軽く曲げておく
- 上半身を直立またはやや前傾させ、背部の筋群をストレッチさせて開始姿勢をとる

Finish

- 肩甲骨を内側に寄せ、肘を後方に引いて胸を張るようにしてハンドルを腹部に引きつけた後、ハンドルを開始姿勢に戻す動作を反復する

Point

動作の最初に肩甲骨を内側に締める

ハンドルを引いたときには上半身を立てて胸を張る

NG =起こりやすい間違い

腕だけで引いている
肩甲骨を内側に締める

肘が外側に開いている
脇を締める

ハンドルを引いたときに背中が丸くなっている
胸を張る

上半身が後傾しすぎている
上半身は直立させておく

2 背部

11 ワンハンドダンベルロウ

使用部位:後背筋、僧帽筋、菱形筋
使用器具:なし
呼吸:上げる動作:吸う　下ろす動作:吐く
補助:不要

Back

Start

●片手にダンベルを持ち、反対側の手と膝をベンチの上にのせ、上半身は床と平行になる姿勢をとり、肘を伸ばしてダンベルを肩の下にぶら下げる

Finish

●肩甲骨を内側に引き寄せながら、肘を上げてダンベルを腹部の横に引きつけたあと、ダンベルを下ろして開始姿勢に戻る動作を反復する

Close-up

肩甲骨を外側に開く

広背筋をストレッチさせる

視線はやや前方の床に向ける

腰背部を正しい姿勢に保つ

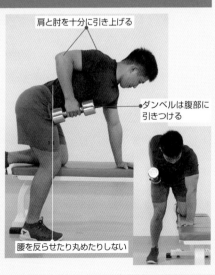

肩と肘を十分に引き上げる

●ダンベルは腹部に引きつける

腰を反らせたり丸めたりしない

146

Point

肘を曲げる前に肩甲骨を内側に寄せる

ダンベルを引いたときの胸を張る姿勢は、手を肩につけて
肘と肩を同時に後方に引く動作を行うとマスターしやすい

NG =起こりやすい間違い

**肘を曲げる動作で
ダンベルを上げている**
腕だけでなく肩甲骨を大きく動かす

肘が外側に開いてしまう
脇を締めるイメージで動作を行
う

上半身をひねっている
動作中には胸を真下に向けてお
く

器具がない場合

チューブシーティッドロウ

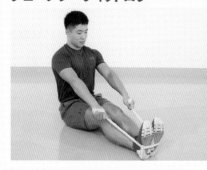

2 背部

12 ラットプルダウン

使用部位:広背筋、大円筋
使用器具:ラットマシンまたはプーリー
呼吸:バーを下ろす動作:吸う　バーを戻す動作:吐く
補助:不要

Back

Start

- マシンのパッドの高さを調節する
- バーを肩幅よりやや広めに握ってシートに座る
- バーの真下に鎖骨がくるようにして上半身をやや後傾させて開始姿勢をとる

Finish

- 肩甲骨を下げ、脇を締めて肘を胴体に引きつけるようにしながら、バーを鎖骨の位置まで引き下ろしたあと、開始姿勢に戻る動作を反復する

Close-up

グリップの幅は肩幅より広めに

広背筋をストレッチさせる

肩甲骨を挙上する

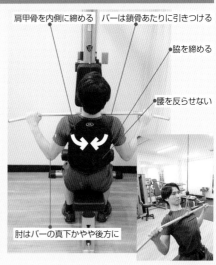

肩甲骨を内側に締める　バーは鎖骨あたりに引きつける

脇を締める

腰を反らせない

肘はバーの真下かやや後方に

Point

動作の前半には必ず肩甲骨を下げる動作を行う

バーを下ろした時には胸を張る。手を肩に当てて肘と肩を後方に引く動作を行うと正しい動きを覚えやすい

NG =起こりやすい間違い

腕だけで引いている
動作の最初に肩甲骨を下げる動作を行う

バーを下ろしたときに背中が丸まっている
バーを下ろしたときには胸を張る

上半身が過度に後傾し、腰が反っている
動作中には腰背部は一定の姿勢を保つ

肘が後方に移動している
肘は極端に後方に引かないように注意する

Variation

ラットプルダウンビハインドネック

バーを首の後ろに下ろす方法。大円筋を動員しやすい

ナローグリップラットプルダウン

狭い手幅のアンダーハンドグリップで行う方法。通常の方法と比べて僧帽筋下部や菱形筋を動員しやすくなる

器具がない場合

チューブラットプルダウン

2 背部

13 ベントオーバーロウ

 **Start**  **Finish**

使用部位:広背筋、僧帽筋、
　　　　　菱形筋
使用器具:バーベル
呼吸:上げる動作:吸う
　　　下ろす動作:吐く
補助:不要

Back

●肩幅のスタンスで、バーを肩幅よりやや広めに握る
●臀部を後方に引いて膝を曲げ、上半身を前傾させた開始姿
　勢をとる
●肩甲骨を内側に引き寄せて胸を張り、バーを腹部に引き上
　げ、ゆっくりと下ろして開始姿勢に戻る動作を反復する
●動作中には、一定の姿勢を維持し、肘が外側に開かないよ
　うに注意する

14 チンニング

Start 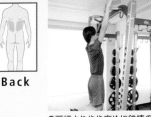 **Finish**

使用部位:広背筋、大円筋
使用器具:高鉄棒
呼吸:
　からだを上げる動作:吸
う
　からだを下ろす動作:吐
く
補助:不要

Back

●肩幅よりやや広めに鉄棒のバーを握り、肘を伸ばしてバー
　にぶら下がった姿勢から、肩甲骨を内側に締めて胸を張り
　ながら肘を曲げてからだを引き上げ、バーを鎖骨のあたり
　に引きつける
●十分にからだを引き上げたら、ゆっくりと開始姿勢に戻る
　動作を反復する

15 ダンベルプルオーバー

Start

使用部位:広背筋、
　　　　　上腕三頭筋、大胸筋
使用器具:ダンベル、
　　　　　フラットベンチ
呼吸:ダンベルを下ろす局面:吸う
　　　挙上する局面:吐く
補助:必要
　　　（ダンベルを保持して補助を
　　　　行う）

Front

Back

●ベンチに仰向けに
　なり、両手で1個
　のダンベルを持ち
　胸の上に保持する

Finish

●両手を頭上に振り
　かぶるようにして
　ダンベルをゆっ
　くりと下ろしたあ
　と、胸の上まで挙
　上する動作を反復
　する

3 肩部

16 バーベルショルダープレス

使用部位:三角筋、上腕三頭筋
使用器具:バーベル、ベンチ
呼吸:押す動作:吐く　戻す動作:吸う
補助:必要(バーの中央部を保持して補助を行う)

Back

Start

- ベンチにすわり、ラックにのせたバーベルを肩幅よりやや広めの手幅で握る
- 補助者のサポートを受けながら、バーをラックから外し、肘を伸ばしてバーを挙上して開始姿勢をとる

Finish

- バーを耳の下端部の高さまで下ろしたらバーを挙上して開始姿勢に戻る
- 反復を終えたら補助者がサポートしながらバーをラックに戻す

NG =起こりやすい間違い

腰が反っている
へそとみぞおちを締め、腹部に力をいれて姿勢を調整

挙上動作の後半にバーベルが前方に移動している
肩甲骨を内側に閉めて軌道を修正

第1章 筋力トレーニングの実技 実技編

3 肩部

17 ダンベルショルダープレス

使用部位:三角筋、上腕三頭筋
使用器具:ダンベル、ベンチ
呼吸:上げる動作:吐く　下ろす動作:吸う
※高負荷を用いる場合(経験者のみ採用)：息を吸いながらダンベルを下ろし、ダンベルを下ろしきったら息を止めて挙上し、フィニッシュの手前で息を吐く
補助:必要(実施者の手首周辺を保持して補助を行う)

Back

Start

● ベンチに座り、ダンベルを肩の高さに保持する

Finish

● ダンベルを頭上に挙上したあと、ダンベルを下ろす動作を反復する

Close-up

正面を見る

ダンベルのバーは耳の下端部の高さに

上半身の姿勢
● はまっすぐに保つ

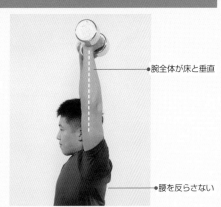

● 腕全体が床と垂直

● 腰を反らさない

❶ベンチに座り、大腿部の上にダンベルを立てる

❷片方の足で床を蹴ってダンベルを肩まで移動させる

❸反対側も同様に行う

❹開始姿勢

補助の方法

実施者の手首周辺を保持して行う

NG =起こりやすい間違い

手首が反っている
手首はまっすぐに保つ

ダンベルが前方に移動している
ダンベルは真上に挙上する

腰が反っている
上半身を直立させて姿勢を一定に保つ

片側のダンベルが上がってしまう
先行するダンベルの動きをコントロールして左右のバランスを調整する

Variation

チューブショルダープレス

チューブで行う方法

3 肩部

18 サイドレイズ

使用部位:三角筋、僧帽筋
使用器具:ダンベル
呼吸:上げる動作:吸う　下ろす動作:吐く
補助:不要

Back

Start

●両手にダンベルを保持し、膝を少し曲げて直立する

Finish

●肘をわずかに曲げたままダンベルを肩の真横に上げたあと、ダンベルを下ろして開始姿勢に戻る動作を反復する

Close-up

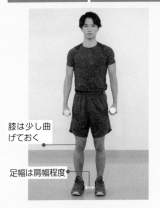

膝は少し曲げておく

足幅は肩幅程度

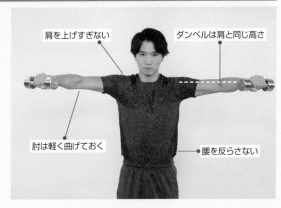

肩を上げすぎない

ダンベルは肩と同じ高さ

肘は軽く曲げておく

腰を反らさない

Point

上半身の姿勢は一定に保つ

肘は肩の真横にくるようにする

手の甲を上に向ける

NG =起こりやすい間違い

**手首が
曲がっている**
手首はまっすぐ
に保つ

**背中が
反っている**
上半身を起こし
て一定の姿勢を
保つ

**肘よりも先に
ダンベルが
高く
上がっている**
肘とダンベルは
一緒に移動させ
る

**挙上動作の
際に肩が
上がっている**
僧帽筋はできる
だけリラックス
させておく

Variation

足を前後に開いて行う方法

姿勢が崩れやすい場合に採用する

インクラインベンチを使用する方法

動作の前半にも負荷がかかりやすくなる

チューブ・サイドレイズ

チューブを使用した方法

3 肩部

19 フロントレイズ

使用部位:三角筋前部
使用器具:ダンベル
呼吸:上げる動作:吸う　下ろす動作:吐く
補助:不要

Back

Start

●両手にダンベルを保持し、膝を少し曲げて直立する

Finish

●肘を伸ばしたままダンベルを肩の前方に上げたあと、ダンベルを下ろして開始姿勢に戻る動作を反復する

Point

上半身の姿勢を一定に保つ

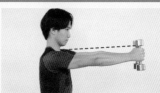

ダンベルは肩と同じ高さまで上げる。上げたときには親指を上に向ける

NG =起こりやすい間違い

背中が反っている
上半身を起こして一定の姿勢を保つ

Variation

足を前後に開いて行う方法　**左右交互に行う方法**

いずれも姿勢が崩れやすい場合に採用する

20 ベントオーバーサイドレイズ（リアサイドレイズ）

使用部位:三角筋後部、僧帽筋
使用器具:ダンベル
呼吸:上げる動作:吸う　戻す動作:吐く
補助:不要

Back

Start

- 両手にダンベルを持ち、膝と股関節を曲げて上半身を前傾させる
- ダンベルをぶら下げて開始姿勢をとる

Finish

- ダンベルをゆっくりと肩の真横に上げたあと、ダンベルを下ろして開始姿勢に戻る動作を反復する

NG =起こりやすい間違い

上半身が起き上がる
股関節を曲げて上半身の姿勢を保つ

肘が後方に移動し背中が丸くなる
無理のない重量に調整し、反動を用いない

第1章　実技編　筋力トレーニングの実技

3 肩部

21 アップライトロウ

使用部位:三角筋、僧帽筋
使用器具:バーベルまたはダンベル
呼吸:上げる動作:吸う　戻す動作:吐く
補助:不要

Back

Start

●バーベルの中央部をこぶし1～2つ分程度の手幅で保持して直立する

Finish

●肘で先導するようにしてバーベルを肩の高さまで上げたあと、バーベルを下ろして開始姿勢に戻る動作を反復する

NG =起こりやすい間違い

肘が十分に上がっていない
動作の序盤で肩をすくめると、肘を高く上げやすくなる

22 ショルダーシュラッグ

使用部位:僧帽筋
使用器具:ダンベル
呼吸:上げる動作:吸う　下ろす動作:吐く
補助:不要

Back

Start

●両足を肩幅くらいに開き、直立した姿勢で両手にダンベルを保持する

Finish

●肩をすくめて、できるだけ高くダンベルを上げたあと、開始姿勢までダンベルを下ろす動作を反復する

Point

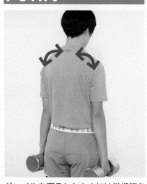

ダンベルを下ろしたときには僧帽筋を十分にストレッチさせる

NG =起こりやすい間違い

挙上したときに肘が過度に曲がっている
腕をリラックスさせる

Variation

肩を前方から後方へ回す方法

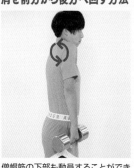

僧帽筋の下部も動員することができる

3 肩部

23 ショルダープレス(マシン)

使用部位:三角筋、上腕三頭筋
使用器具:ショルダープレス用マシン
呼吸:バーを挙上する動作:吐く　バーを下ろす動作:吸う
補助:不要

Back

Start

●バーが肩よりやや上にくるようにシートの高さを調節して座り、背中をシートに密着させる

Finish

●バーを両手で握って真上に挙上し、ゆっくりと開始姿勢に戻る動作を反復する

24 肩の内旋・外旋(チューブ)

使用部位:肩の内旋:肩甲下筋　肩の外旋:棘下筋、小円筋
使用器具:チューブ
呼吸:チューブを引っ張る動作:吐く　チューブを戻す動作:吸う
補助:不要

※部位は P28 の図を参照

内旋
Start

Finish

外旋
Start

Finish

●肘の高さに固定したチューブの端を保持して、肘を直角に曲げて脇を締めた姿勢で、肩の内旋または外旋動作を反復する。肩の傷害予防のエクササイズとしてよく用いられる

4 腕部

25 バーベルカール

使用部位:上腕二頭筋
使用器具:バーベル
呼吸:上げる動作:吐く　下ろす動作:吸う
※高負荷を用いる場合(経験者のみ採用):息を吸いながらバーを下ろし、バーを下ろしきったら息を止めて挙上し、フィニッシュの手前で息を吐く
補助:不要

Front

Start

● バーベルを肩幅よりやや広めのアンダーハンドグリップ(逆手)で握る
● 両足を肩幅程度の広さに開き、膝をわずかに曲げて直立し、肘を伸ばして開始姿勢をとる

Finish

● 肘を曲げてバーベルを挙上したあと、バーベルを下ろして開始姿勢に戻る動作を反復する

Point

腰背部の姿勢を一定に保つ

NG =起こりやすい間違い

腰が反っている
上半身を起こして姿勢を一定に保つ

バーベルを上げたときに肘が後方に移動している
肘の位置はできるだけ一定に保つ

Variation

リバースカール

オーバーハンドグリップ(順手)で行う方法。前腕の筋群がより多く動員される

スタンディングチューブカール

チューブを用いた方法

4 腕部

26 スタンディングダンベルカール

使用部位:上腕二頭筋
使用器具:ダンベル
呼吸:上げる動作:吐く　戻す動作:吸う
補助:不要

Front

Start

●ダンベルを両手に保持して直立して開始姿勢をとる

Finish

●肘を曲げてダンベルを挙上したあと、肘を伸ばしてダンベルを下ろして開始姿勢に戻る動作を反復する

Variation

ハンマーカール

●肘を曲げた時に親指が上を向くようしてダンベルを持ち上げる。前腕部の筋群も動員される

リバースカール

●肘を曲げた時に手の甲が上を向くようにしてダンベルを持ち上げる。前腕の筋群がより動員される

27 コンセントレーションカール

使用部位:上腕二頭筋
使用器具:ダンベル、ベンチ
呼吸:上げる動作:吐く　下ろす動作:吸う
補助:不要

Front

Start

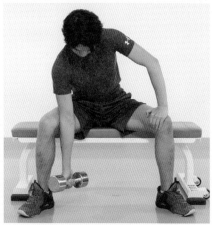

●片手にダンベルを握り、ベンチに座って大腿部の内側に
　上腕部を固定する

Finish

●肘を曲げてダンベルを挙上したあと、ダンベルを下ろし
　て開始姿勢に戻る動作を反復する

Point

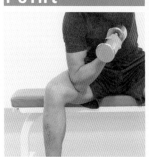

上腕二頭筋のピーク(盛り上がり)を高
くする効果が高いエクササイズである
ため、肘を曲げたときに上腕二頭筋を十
分に収縮させるように意識する

NG =起こりやすい間違い

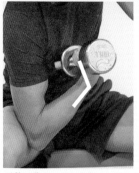

手首が曲がってしまう
まっすぐに保つ

肘の位置が動いてしまう
肘は膝近くの位置に固定しておく

4 腕部

28 ライイングトライセプスエクステンション

使用部位:上腕三頭筋
使用器具:バーベル(カールバー)、ベンチ
呼吸:上げる動作:吐く　下ろす動作:吸う
※高負荷を用いる場合(経験者のみ採用):息を吸いながらバーを下ろし、バーを下ろしきったら息を止めて挙上し、フィニッシュの手前で息を吐く
補助:必要(バーを保持して補助を行う)

Back

Start

- ●ベンチの上に仰向けになり、補助者からバーベルを受け取る
- ●肩幅よりやや狭めの手幅でバーを握り、肘を伸ばして肩の上に保持する

Finish

- ●肘の位置を固定したまま、肘を曲げてバーベルをゆっくりと額の上へ下ろす
- ●バーベルを下ろしきったら、開始姿勢までバーベルを挙上する動作を反復する
- ●反復を終えたら補助者にバーベルを渡す

Point

使用するバーベル
まっすぐの形状のストレートバーよりも曲がった形状のカールバー(イージーバー)のほうが手首に負担がかかりにくい

補助の方法
反復できなくなった場合には、バーを保持して補助を行う。動作中にはバーベルが実施者の頭上に落下しないようにバーの下に手を添えておく。補助者は、実施者へのバーベルの受け渡しも行う

NG =起こりやすい間違い

バーを下ろしたときに背中が反っている
腹筋を収縮させて姿勢を修正する

挙上動作の局面で肘が外側に開いている
脇を締めて修正する

バーを挙上する局面でバーを押し上げている
肘の位置をできるだけ固定する

29 トライセプスプレスダウン

使用部位:上腕三頭筋
使用器具:プーリー
呼吸:ハンドルを下ろす動作:吐く
　　　　ハンドルを戻す動作:吸う
補助:不要

Back

Start

- マシンのケーブルに山型のハンドルを取りつける
- マシンの前に立ち、肩幅より狭いグリップ（こぶし1つ〜2つ分くらいの手幅）でバーを握り、肘を体側につけて肘を曲げて開始姿勢をとる。このとき、膝と股関節を軽く曲げて上半身は少し前傾させる

Finish

- 肘の位置を固定したまま、肘を伸ばしてバーを下ろしたあと、肘を曲げて開始姿勢までバーを戻す動作を反復する

Point

- 開始姿勢では前腕は床と平行程度にしておく

NG =起こりやすい間違い

動作中に腰が反っている
腹筋を収縮させて姿勢を修正する

動作中に肘が外に開き、押し出すような動きになっている
両肘を内側に締めて肘を固定する

Variation

チューブで行う方法

チューブの負荷を利用して同じ動作を行う

第1章　実技編
筋力トレーニングの
実技

165

4 腕部

30 ワンハンドトライセプスエクステンション(ワンハンドフレンチプレス)

使用部位:上腕三頭筋
使用器具:ダンベル
呼吸:上げる動作:吐く　戻す動作:吸う
補助:写真では示していないが必要(後方に立ち、ダンベルを両手で下から支える)

Back

Start

●ダンベルを片手に保持して直立し、肘を伸ばして頭上でダンベルを保持して開始姿勢をとる

Finish

●肘を曲げてダンベルを下ろした後、肘を伸ばしてダンベルを挙上して開始姿勢に戻る動作を反復する

Point

●上半身が横に傾いたり、腰が反ったりしないように留意して一定の姿勢を保つ

NG =起こりやすい間違い

肘が外側に開く
反対側の手で肘を押さえる

31 トライセプスキックバック

使用部位:上腕三頭筋
使用器具:ダンベル
呼吸:上げる動作:吐く　戻す動作:吸う
補助:不要

Back

Start

Finish

- ダンベルを片手に持ち、反対側の膝と手をベンチに固定して上半身を水平に保つ
- 肘を背中の高さに固定し、ダンベルを持つ手のひらを内側に向けて開始姿勢をとる

- 肘を伸ばして小指が上を向くようにしてダンベルを挙上した後、肘を曲げてダンベルを下ろして開始姿勢に戻る動作を反復する

Variation

- フィニッシュ局面で手のひらを上に向ける(写真)上腕三頭筋の内側部分(内側頭)を動員しやすくなる
- フィニッシュ局面で手の甲を上に向ける方法(写真)上腕三頭筋の外側部分(外側頭)を動員しやすくなる

NG =起こりやすい間違い

肘が下がる
肘は背中のラインと同じ高さを保つ

第1章　実技編
筋力トレーニングの実技

4 腕部

3 2 リストカール

使用部位:前腕屈筋群
使用器具:ダンベル、ベンチ
呼吸:上げる動作:吐く　下ろす動作:吸う
補助:不要

Front

Start

Finish

●ベンチに座って前腕部を太ももの上に固定し、手のひらを上に向けて手首を伸展させた姿勢から、ダンベルを巻き上げるようにして手首を曲げ、ダンベルを開始姿勢まで戻す動作を反復する

3 3 リバースリストカール(リストエクステンション)

使用部位:前腕伸筋群
使用器具:ダンベル、ベンチ
呼吸:上げる動作:吐く　下ろす動作:吸う
補助:不要

Front

Start

Finish

●ベンチに座って前腕部を太ももの上に固定し、手の甲を上に向けて手首を曲げた姿勢から、手首を伸展させ、ゆっくりとダンベルを開始姿勢まで戻す動作を反復する

5 大腿部および股関節周辺部

34 スクワット

使用部位:大腿四頭筋、大臀筋、脊柱起立筋群
使用器具:バーベル、スクワット用ラック
呼吸:上げる動作:吐く　下ろす動作:吸う
※高負荷を用いる場合(経験者のみ採用):息を吸いながらしゃがみ、しゃがんだ姿勢で息を止めて挙上し、フィニッシュの手前で息を吐く
補助:必要(後方から脇の下を抱えて補助を行う。2名で行う方法もある)

Front　**Back**

Start　開始姿勢

●バーベルを肩に担いで直立する

Finish　しゃがんだ姿勢

●大腿部の上端面が床と平行になるところまでしゃがんだあと、立ち上がる動作を反復する

Close-up

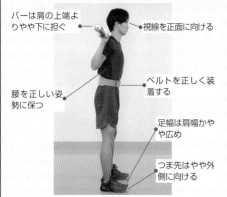

バーは肩の上端よりやや下に担ぐ
視線を正面に向ける
ベルトを正しく装着する
腰を正しい姿勢に保つ
足幅は肩幅かやや広め
つま先はやや外側に向ける

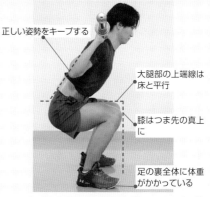

正しい姿勢をキープする
大腿部の上端線は床と平行
膝はつま先の真上に
足の裏全体に体重がかかっている

5 大腿部および股関節周辺部

Point

バーの担ぎ方

両肩を少しすくめて肩の最も高い部分よりもやや下に担ぐと、バーが首の後ろの骨(頸椎の突起)に直接触れることがなく痛みを感じることがない

しゃがむ動作

しゃがむときには、臀部を後方に引いて股関節と膝関節を同時に曲げるようにする。股関節に手のひらをはさむようなイメージで行うと効果的

しゃがんだときにかかとが浮いてしまう場合は、かかとの下に板やプレートを敷く

補助の方法(1人で行う場合)

実施者の後方に立ち、脇の下に前腕部を入れて下から支えるようにして補助を行う

補助の方法(2人で行う場合)

バーベルの両側に1人ずつ立ち、どちらかが合図をして左右同時にバランスをとりながら補助を行う

NG =起こりやすい間違い

腰が丸まっている
上半身を起こして正しい姿勢に修正する

腰が反りすぎている
胸は正面ではなく斜め下に向ける

しゃがんだときに膝がつま先よりも過度に前に出たり、内側に入ったりしている
膝がつま先の真上にくるように修正する

しゃがんだときに膝を完全に曲げたり、バウンドさせたりしている
しゃがむ深さは大腿部上端が床と平行を限度とする

Variation

フロントスクワット

バーを首の前に
保持する方法

スプリットスクワット

足を前後に
開いて行う
方法

ハーフスクワット

膝と股関節が直角にな
るところまでしゃがむ浅
めのスクワット

ブルガリアンスクワット

前後に開脚し、後ろ足を台にのせて行う

負荷を加える際にはダンベルを両手に持つ

器具がない場合

ダンベルスクワット

ダンベルを両
手に保持して
行う方法

チューブスクワット

チューブを
用いたスク
ワット

片脚スクワット

片脚立ち姿
勢で行うス
クワット

5 大腿部および股関節周辺部

35 レッグプレス

使用部位:大腿四頭筋、大臀筋
使用器具:レッグプレス用マシン
呼吸:上げる動作:吐く　下ろす動作:吸う
※高負荷を用いる場合(経験者のみ採用):息を吸いながらウエイトを下ろし、下ろしきったら息を止めて挙上し、フィニッシュの手前で息を吐く
補助:不要

Front　Back

Start　開始姿勢

●マシンに座り、両足を腰幅から肩幅程度に開いてマシンのボードに固定しハンドルを握る
●両足でボードを押し、マシンのストッパーを外して静止する

Finish　下ろした姿勢

●膝と股関節を同時に曲げながらボードを下ろしたあと、ボードを押して開始姿勢に戻る動作を反復する
●反復を終えたら、ボードをストッパーに固定する

Point

つま先と膝は同じ幅を保つ

NG=起こりやすい間違い

膝がつま先の方向より内側に向いている
膝はつま先と同じ方向に向ける

Variation

シートを倒してボードの下部に足を置くと、大腿部の筋群がより多く動員される

シートを起こしてボードの上部に足を置くと、臀部の筋群がより多く動員される

36 フォワードランジ

使用部位:大腿四頭筋、大臀筋、ハムストリング
使用器具:ダンベル、バーベル(器具がなくても実施可能)
呼吸:前方へステップする局面:吸う　切り返して開始姿勢に戻る局面:吐く
※高負荷を用いる場合(経験者のみ採用):前方へステップする局面で息を吸い、ステップしたときに息を止めて切り返し、開始姿勢に戻る手前で息を吐く
補助:バーベルを使用する場合は必要(後方から補助者が実施者と一緒にステップしながら脇の下を抱えて補助を行う)

Front　Back

Start

●両手にダンベルを保持し、両足を腰幅に開いて直立する

Finish　踏み込んだ姿勢

●片足を前方に踏み出し、足が着地したら膝と股関節を曲げて沈み込む
●前脚を蹴って後ろ脚で踏ん張り、開始姿勢に戻る動作を左右交互に反復する

Point

上半身は床と垂直の姿勢を保つ

膝はつま先より前に出さない

かかとは後方に向ける

膝は正面に向ける

NG =起こりやすい間違い

ステップしたときに上半身が過度に前傾している
上半身を起こして直立する

ステップしたときに膝がつま先より前に出ている
膝はつま先の真上に

ステップしたときに腰が横にぶれる
体幹や股関節周辺の筋群でしっかり固定する

Variation

サイドランジ

直立姿勢から真横にステップして戻る動作

5 大腿部および股関節周辺部

37 レッグエクステンション

使用部位:大腿四頭筋
使用器具:レッグエクステンション用マシン
呼吸:上げる動作:吐く　下ろす動作:吸う
補助:不要

Front

Start

- マシンのパッドや背もたれの調節を行い、マシンの回転軸の真横に膝がくるようにしてシートに座る
- パッドに脚を固定し、ハンドルを握ってからだを固定する

Finish

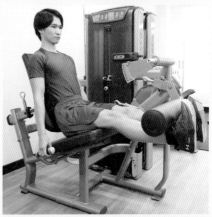

- 膝を伸ばしてマシンのパッドを上げ、膝を伸展させたあと、膝を曲げてパッドを下ろし、開始姿勢に戻る動作を反復する

Close-up

つま先は背屈(つま先を起こした状態)させておく

動作中には左右の膝と足首の幅を一定に保つ

足首が過度に底屈している(つま先が前に出た状態)
足首は背屈させておく

つま先が過度に内側に入ってしまう
つま先は真上に向ける

器具がない場合

チューブによるレッグエクステンション

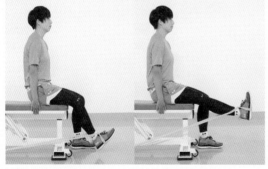

チューブを負荷にして行う方法

シシースクワット

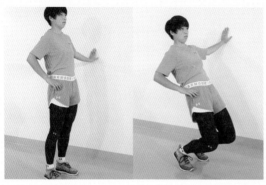

立位で股関節を伸ばしたまま行うスクワット

5 大腿部および股関節周辺部

38 デッドリフト

使用部位:脊柱起立筋群、大腿四頭筋、大臀筋
使用器具:バーベル、プラットフォーム
呼吸:しゃがむ局面:吸う　立ち上がる局面:吐く
※高負荷を用いる場合(経験者のみ採用):しゃがむ動作局面で息を吸い、しゃがんだ姿勢で息を止めて立ち上がり、フィニッシュの手前で息を吐く
補助:不要

Front　Back

Start

- トレーニング用のベルトを着用し、床に置いたバーベルの下に母指球がくる位置に、両足を腰幅程度に開いて直立する
- 腰背部の正しい姿勢を保ったまま、膝と股関節を曲げて上半身を前傾させながらしゃがみ、膝の外側からオルタネイティッドグリップ(片逆手)でバーを握って開始姿勢をとる

Finish

- 膝と股関節を同時に伸ばし、直立姿勢までバーベルを挙上したあと、バーベルをコントロールしながら開始姿勢に戻る動作を反復する

Point

バーの軌道は、すねと大腿部のすぐ近くを通過させる

動作中にはつねに一定の姿勢を保つ

NG =起こりやすい間違い

動作中に腰が丸まっている
正しい姿勢に修正する

バーがからだから離れている
バーはすねや大腿部のすぐ近くを通るようにする

膝がつま先の方向よりも内側に入っている
膝はつま先と同じ方向に向ける

39 スティッフレッグドデッドリフト

使用部位:ハムストリング、大臀筋
用器具:バーベル、プラットフォーム
呼吸:ウエイトを上げる動作:吐く　ウエイトを下ろす
動作:吸う
補助:不要

Back

Start

- ●トレーニング用の
ベルトを着用し、
床に置いたバーベ
ルの下に母指球が
くる位置に、両足
を腰幅程度に開い
て直立する
- ●膝の外側からオル
タネイティッド・
グリップ(片逆手)
でバーを握り、膝
をわずかに曲げて
固定し、バーベル
を床からわずかに
浮かせて開始姿勢
をとる

Finish

- ●膝の角度を固定し
たまま、股関節を
伸展させて上半身
を起こしたあと、
姿勢を崩さずに開
始姿勢に戻る動作
を反復する

Point

バーの軌道は、す
ねと大腿部のす
ぐ近くを通過さ
せる

動作中にはつね
に一定の姿勢を
保つ

NG =起こりやすい間違い

**ウエイトを
下ろす
動作中に膝を
曲げている**
膝の角度は固定

**腰が
丸まっている**
上半身を起こし
て姿勢を一定に
保つ

**バーの軌道が
からだから
離れている**
バーはすねや大
腿部のすぐ近く
を通るようにす
る

第1章 実技編
実技 筋力トレーニングの

177

40 シーティッドレッグカール

使用部位:ハムストリング
使用器具:レッグカール用マシン
呼吸:膝を曲げる動作:吐く　膝を伸ばす動作:吸う
補助:不要

Back

Start

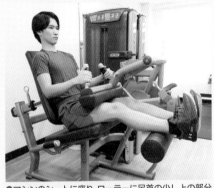

- マシンのシートに座り、ローラーに足首の少し上の部分をのせる
- マシンのパッドで大腿部を固定し、ハンドルを保持して開始姿勢をとる

Finish

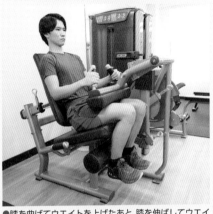

- 膝を曲げてウエイトを上げたあと、膝を伸ばしてウエイトを下ろす動作を反復する

Variation

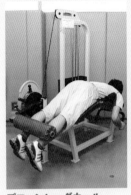

プローンレッグカール
マシンを使ってうつぶせの姿勢で行う方法

器具がない場合

ヒップリフト

床に仰向けになり、片脚の膝を曲げた姿勢から、膝を伸ばして臀部を上げて下ろす動作を行う

41 ステップアップ

使用部位:大腿四頭筋、大臀筋、ハムストリング　**使用器具**:ダンベル、ステップ台
呼吸:台に上る局面:吐く 開始姿勢に戻る局面:吸う　**補助**:不要

Start
Finish

Front　Back

●ダンベルを両手に保持して直立した姿勢から、片脚のみで
バランスをとりながら台の上に上り、再び片脚で台の下に
下りる動作を左右交互に反復する

42 プーリーによる股関節のエクササイズ

使用部位:●ヒップフレクション(股関節の屈曲):腸腰筋　●ヒップエクステンション(股関節の伸展):大臀筋、ハムストリング　●ヒップアダクション(股関節の内転):股関節内転筋群
●ヒップアブダクション(股関節の外転):股関節外転筋群
使用器具:プーリー　**呼吸**:ウエイトを挙上する局面:吐く 下ろす局面:吸う　**補助**:不要

ヒップフレクション(屈曲)
Start　Finish

ヒップエクステンション(伸転)
Start　Finish

ヒップアブダクション(外転)
Start　Finish

ヒップアダクション(内転)
Start　Finish

●プーリーの先端に取
り付けたアンクルス
トラップに足首を固
定して、股関節の各
種動作を反復する

6 下腿部

４３ スタンディングカーフレイズ

使用部位:腓腹筋
使用器具:スタンディングカーフレイズ用マシン、
　　　　　体重負荷でも可能
呼吸:かかとを上げる動作:吐く　かかとを下ろす動作:吸う
補助:不要

Back

Start

●マシンのフットプレートの上に腰幅くらいのスタンスで前足部をのせ、パッドに肩をあててハンドルをしっかりと握る
●膝を伸ばして直立し、かかとを下げて開始姿勢をとる

Finish

●かかとをできるだけ高く持ち上げたあと、開始姿勢まで下ろす動作を反復する

Point

両足は平行にそろえる

NG ＝起こりやすい間違い

かかとを上げたときに「土踏まず」の部分が浮く
足の裏全体をフットプレートにつける

Variation

シングルレッグカーフレイズ

片足立ち姿勢でかかとの上げ下げを行う

44 シーティッドカーフレイズ

使用部位:ヒラメ筋
使用器具:シーティッドカーフレイズ用マシン
呼吸:かかとを上げる動作:吐く
　　かかとを下ろす動作:吸う
補助:不要

Front

Start

- マシンのシートに座り、両足の前足部をフットプレートにのせ、マシンのレバーを操作してパッドを引き上げる
- パッドの下に大腿部を固定し、かかとを下げて開始姿勢をとる

Finish

- かかとをできるだけ高く持ち上げたあと、開始姿勢まで下ろす動作を反復する

Point

両足は平行にそろえる

NG =起こりやすい間違い

パッドの位置が不適切
パッドが太ももの中央部に乗っている。パッドの位置を膝の近くに移動する

Variation

プレートを用いたシーティッドカーフレイズ

Start
Finish

- ベンチに座り、床に置いた台の上に足の裏の前側をのせる
- プレートを大腿に乗せ、かかとを上げて下ろす動作を反復する

6 下腿部

45 トゥーレイズ

使用部位:前脛骨筋
使用器具:チューブ
呼吸:上げる動作:吐く　下ろす動作:吸う
補助:不要

Front

Start

Finish

チューブの巻き方

●ベンチに片膝を曲げて座り、つま先にチューブを装着して足首を伸ばした姿勢から、つま先を上げる動作を反復する。足首の傷害予防のエクササイズとして用いられる

46 足首の内反・外反

使用部位:内反動作:足首の内反筋群(後脛骨筋など)
　　　　　　外反動作:足首の外反筋群(長腓骨筋など)
使用器具:チューブ
呼吸:上げる動作:吐く　下ろす動作:吸う　**補助**:不要

足首の内反

Start　Finish

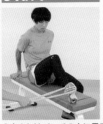

足首の外反

Start　Finish

●床またはベンチの上に長座姿勢になり、つま先にチューブを装着して足首の内がえし(内反)または外がえし(外反)の動作を反復する。足首の傷害予防のエクササイズとして用いられる。動作中には膝をしっかり固定する

7 体幹部

47 トランクカール

使用部位:腹直筋
使用器具:腹筋台(使用しなくても実施可能)
呼吸:腰を丸める動作:吐く　腰を戻す動作:吸う
補助:不要

Front

Start

- 腹筋台や床の上に仰向けになり、膝を直角程度に曲げる。両手は胸の前でクロスさせて肩の上にのせる。足部は固定しなくてもよい

Finish

- 頭を起こして、みぞおちをへそに近づけながら、腰を腹筋台や床に押しつけるようにして背中全体を丸める
- 腰背部を十分に丸めて腹直筋を収縮させたら、ゆっくりと開始姿勢に戻る動作を反復する

Point

腹直筋を十分に収縮させて腰を丸める

NG =起こりやすい間違い

腰が床から浮いてしまう
腰は床から浮かさず、床につけたままにしておく

Variation

クランチ

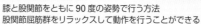

膝と股関節をともに90度の姿勢で行う方法
股関節屈筋群をリラックスして動作を行うことができる

7 体幹部

48 シットアップ

使用部位:腹直筋、腸腰筋、大腿直筋
使用器具:腹筋台(使用しなくても実施可能)
呼吸:上半身を起こす動作:吐く
　　　上半身を下ろす動作:吸う
補助:不要

Front

Start

●腹筋台や床の上に仰向けになり、膝を直角に曲げて足を固定する

●頭を起こして、みぞおちをへそに近づけるようにしながら腰背部全体を丸める

Finish

●股関節を屈曲させて上半身を持ち上げ、上半身全体を起こす
●上半身を完全に起こしたら、腰部→上背部→後頭部の順に腹筋台のシートや床につけて開始姿勢に戻る

Close-up

膝を直角に曲げる

腰を過度に反らせない

腹直筋を十分に収縮させる

腰を丸めてシートに押しつける

腰をシートから離して上半身を起こす

NG =起こりやすい間違い

腰背部がまっすぐのまま上体を起こしている
動作の前半に腰を丸める

頭の後ろに組んだ手で強く引っ張る
首を痛める危険性があるため、手はリラックスしておく

Variation

負荷を軽くする方法

腹部に手をのせる

大腿部の後ろに手を添える

負荷を高める方法

手を頭の後ろで組む

肘を伸ばして頭上で組む

腹筋台の角度を高くする

ウエイトを胸の前に保持する

7 体幹部

49 レッグレイズ (ヒップレイズ)

使用部位:腹直筋、腸腰筋、大腿直筋
使用器具:なし。腹筋台を使用する場合あり
呼吸:脚部を上げる動作:吐く
　　　脚部を下ろす動作:吸う
補助:不要

Front

Start

●床に仰向けになり、膝を曲げて股関節の真上に上げ、両手を床につけて開始姿勢をとる

Finish

●へそをみぞおちに近づけて背中全体を丸めて臀部を上げたあと、臀部を下ろして開始姿勢に戻る動作を反復する

Point

腰を丸めて臀部をしっかりと上げる

臀部の下に手のひらを敷くと、脚部を下ろす局面で腰が反りにくくなる

NG =起こりやすい間違い

膝を伸ばしている
脚を下ろした時に腰が反りやすいため、膝は曲げておく

50 ライイングサイドベンド

使用部位:外腹斜筋
使用器具:専用の器具(ローマンベンチなど)や高さの
　　　　　　あるフラットベンチ
呼吸:上半身を上げる動作:吐く　上半身を下ろす動作:吸う
補助:不要

Front

Start

●ローマンベンチや高さのあるフラットベンチに臀部より
下を固定して横向きになり、手を頭の後ろに組んで、上半
身を曲げて開始姿勢をとる

Finish

●へそが動作の回転軸になるようにして、上半身をできる
だけ上方へ持ち上げる
●上半身を上げきったら、ゆっくりと開始姿勢に戻る動作
を反復する

Point

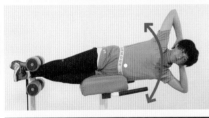

動作の回転軸のポジションを
一定に保つ

NG =起こりやすい間違い

**動作の中間姿勢で
胴体全体が下がっている**
横から見たときに上半身の
縦軸が水平になる姿勢に修
正する

7 体幹部

51 ツイスティングシットアップ

使用部位:外腹斜筋
使用器具:腹筋台(使用しなくても実施可能)
呼吸:上半身を上げる動作:吐く
　　　　上半身を下ろす動作:吸う
補助:不要

Front

Start

●腹筋台や床の上に仰向けになり、前腕をクロスさせて両手を肩につけ、膝を直角に曲げて足を固定する

Finish

●上半身をひねりながら起こし、開始姿勢に戻る動作を反復する

Point

上半身の回転軸が左右に
ぶれないように注意する

NG =起こりやすい間違い

上半身の回転軸が
ぶれてしまう
正しい軌道に修正する

52 バックエクステンション

使用部位:脊柱起立筋群
使用器具:専用の器具(ローマンベンチなど)や高さの
あるフラットベンチ
呼吸:上半身を上げる動作:吸う　上半身を下ろす動作:吐く
補助:不要

Back

Start

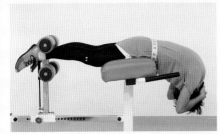

● ローマンベンチや高さのある台に脚部と骨盤を固定し てうつ伏せになり、手を頭の後ろに組んで、背中全体を 丸める

Finish

● 背中全体がわずかに弓なりになるところまで上体を起 こし、脊柱起立筋群を十分に収縮させたあと、背中を丸 めながら開始姿勢に戻る動作を反復する

Point

背中全体を丸めて脊柱起立筋群を十分にストレッチさせる

NG =起こりやすい間違い

腰が過度に反っている
腰のケガの予防のため、過度に腰を反らせることは避ける

Variation

バックアーチ

床の上で行う場合にはうつ伏せ姿勢から背中全体をわ ずかに反らせる動作を反復する

7 体幹部

53 ダンベルサイドベンド

使用部位:外腹斜筋
使用器具:ダンベル
呼吸:ダンベルを上げる
　　　局面:吐く
　　　ダンベルを下ろす
　　　局面:吸う
補助:不要

Start **Finish**

●直立姿勢でダンベルを片手に持ち、反対側の手を後頭部につけて上半身を左右に倒す動作を反復する

54 トランクツイスト

使用部位:外腹斜筋
使用器具:なし
呼吸:
脚を動かす局面:吐く
左右を切り返す局面:吸う
補助:不要

Start

Finish

●床に仰向けになり、膝を軽く曲げて両脚をそろえた姿勢から、腰から下を左右にひねる動作を反復する

55 姿勢支持エクササイズ

使用部位:体幹周辺の筋群
使用器具:なし
呼吸:静止しているときは息を止めずにゆったりと呼吸する
補助:不要

アーム&レッグレイズ

●四つ這い姿勢になり、片手と反対側の脚を上げて5〜10秒静止する。左右交互に各5回程度反復する

横向き姿勢支持(サイドプランク)

●床に横向きに寝て床側の肘を曲げて床に付け、腰をゆっくり上げて5〜10秒静止する。左右交互に各5回程度反復する

8 頸部

5 6 ネックエクステンション

使用部位:頸部後屈筋群
（頭板状筋など）
使用器具:なし（パートナーの
徒手抵抗）
呼吸:
頭部を上げる動作:吸う
頭部を下ろす動作:吐く
補助:不要

Back

Start

Finish

●四つ這いの姿勢をとり、頭を下げた姿勢から、パートナーの負荷抵抗を受けながら頭を持ち上げて下ろす動作を反復する

5 7 ネックフレクション

使用部位:頸部前屈筋群
（胸鎖乳突筋など）
使用器具:ベンチ
呼吸:
頭部を上げる動作:吐く
頭部を下ろす動作:吸う
補助:不要

Front

Start

Finish

●ベンチに仰向けになり、頭部を下げてあごを上げた姿勢から、パートナーの負荷抵抗を受けながら頭部を持ち上げて下ろす動作を反復する

5 8 ネックサイドフレクション

使用部位:頸部側屈筋群
（胸鎖乳突筋など）
使用器具:ベンチ
呼吸:
頭部を上げる動作:吐く
頭部を下ろす動作:吸う
補助:不要

Front

Start

Finish

●ベンチに横向きになり、首を側屈して頭部を下げた姿勢から、パートナーの負荷抵抗を受けながら頭部を持ち上げて下ろす動作を反復する

パワー向上を目的としたエクササイズ

1 クリーン (パワークリーン)

Start

- 両足を腰幅程度に開き、バーの真下に母趾球がくる位置に立つ。つま先はやや外側に向けておく
- 臀部を後方に引いて膝を曲げ、両腕が膝の外側にくるようにして、肩幅くらいの幅でバーを握る

First Pull　膝上までの動作

- 足で床を強く蹴り、バーを膝上まで引き上げる
- バーは、すね、膝、大腿部の前面のできるだけ近くを通過させる

Second Pull　膝上から肩の高さまでのプル

- 膝と股関節を勢いよく伸ばし、肩をすくめて肘で先導するようにして、バーを肩の高さまで挙上する。このとき、膝と股関節は完全に伸展させ、つま先立ちになって伸び上がる
- 肘は、バーや手首よりもつねに上にくるようにする

Catch　肩の上でバーを受け止める

- 肘を回転させて手首を返し、肘を前方に出して、肩の上にバーをのせる
- キャッチした時には浅めのスクワット姿勢をとる。腰が反らないように注意する

使用部位:キック動作やプル動作にかかわる多くの筋群を動員

目的:キックとプルの複合動作の爆発的パワー向上、下肢から上肢へとパワーを効率よく伝達する能力の改善

呼吸:開始姿勢で息を吸って止めたまま挙上し、下ろす局面で息を吐く

バーを下ろす動作

- バーをキャッチしたあと、いったん立ち上がる
- 直立姿勢を保ったままバーを大腿部の前まで下ろし、デッドリフト(P176)の要領で開始姿勢に戻る

Point

- 腰背部の姿勢安定と傷害予防のために、トレーニング用ベルトを装着する
- 動作中には、腰を丸めたり反らせたりせず、つねに正しい姿勢を保つようにする
- バーの軌道がからだから離れないようにする
- できるだけすばやく、爆発的な動きを意識して行う

2 スナッチ(パワースナッチ)

Start

- 両足を腰幅程度に開き、バーの真下に母趾球がくる位置に立つ。つま先はやや外側に向けておく
- 臀部を後方に引いて膝を曲げ、両腕を真横に伸ばした時の両肘間の長さ程度の手幅でバーを握る

First Pull 膝上までの動作

- 足で床を強く蹴り、バーを膝上まで引き上げる
- バーは、すね、膝、大腿部の前面のできるだけ近くを通過させる

Second Pull 膝上から肩の高さまでのプル

- 膝と股関節を勢いよく伸ばし、肩をすくめて肘で先導するようにして、バーを挙上する。このとき、膝と股関節は完全に伸展させ、つま先立ちになって伸び上がる
- 肘は、バーや手首よりもつねに上にくるようにする

Catch 肩の上でバーを受け止める

- 肘を伸ばすと同時に、浅くしゃがんだ姿勢でバーの下に沈み込み、頭上でバーをキャッチする
- キャッチしたときには浅めのスクワット姿勢をとる。腰が反らないように注意する

使用部位:キック動作やプル動作にかかわる多くの筋群を動員

目的:キックとプルの複合動作の爆発的パワー向上、下肢から上肢へとパワーを効率よく伝達する能力の改善

呼吸:開始姿勢で息を吸って止めたまま挙上し、下ろす局面で息を吐く

バーを下ろす動作

- バーを頭上でキャッチしたあと、いったん立ち上がる
- 直立姿勢を保ったままバーを肩→大腿部の前へと下ろし、デッドリフトの要領で開始姿勢に戻る

Point

- 腰背部の姿勢安定と傷害予防のために、トレーニング用ベルトを装着する
- 動作中には、腰を丸めたり反らせたりせず、つねに正しい姿勢を保つようにする
- バーの軌道がからだから離れないようにする
- できるだけすばやく、爆発的な動きを意識して行う

パワー向上を目的としたエクササイズ

3 ダンベルプッシュプレス

使用部位:キック動作やプッシュ動作にかかわる多くの筋群を動員
目的:キックとプッシュの複合動作の爆発的パワー向上、下肢 から上肢へとパワーを効率よく伝達する能力の改善
呼吸:開始姿勢で息を吸って止めたまま挙上し、下ろす局面で息を吐く

Start

●ダンベルを両手に握り、肩の高さに保持して直立する

Finish

●膝と股関節を曲げて浅めのスクワット姿勢をとる
●床を強くキックして、膝と股関節と足首を同時に伸展させて、ダンベルを頭上にプッシュする
●ダンベルを肩の高さに下ろして開始姿勢に戻る

Point

●動作中には、腰を丸めたり反らせたりせず、つねに正しい姿勢を保つようにする
●できるだけすばやく、爆発的な動きを意識して行う

4 スクワットジャンプ

使用部位:下肢のジャンプ動作にかかわる筋群を動員
目的:ジャンプ動作の爆発的パワー向上
呼吸:開始姿勢で息を吸って止めたままジャンプし、着地してから息を吐く

Start

●バーベルを肩にかついで、肩幅程度の足幅で直立する

Finish

●膝と股関節を曲げて浅めのスクワット姿勢をとる
●床を強くキックして、股関節と膝と足首を同時に伸展させて、できるだけ高くジャンプする
●膝と股関節を使って衝撃を吸収しながら着地する

Point

●動作中には、腰を丸めたり反らせたりせず、つねに正しい姿勢を保つようにする
●できるだけすばやく、爆発的な動きを心がける

資料1 スポーツ動作のパワー向上を目的とした専門的トレーニングのエクササイズ例

1 スプリント動作

ステップアップ

ウォールステッピング

一定姿勢を保ったまますばやく脚を入れかえる

2 ジャンプ動作

スクワットジャンプ

ステップアップジャンプ

資料1 スポーツ動作のパワー向上を目的とした専門的トレーニングのエクササイズ例

3 投げる動作と打つ動作（オーバーヘッド動作）

ダンベルプルオーバー

ライイング・プルオーバースロー

スタンディング・オーバーヘッドスロー

4 体幹の回旋動作（野球のバッティング、テニスのストローク、ゴルフのスイングなど）

スタンディング・ダンベルトランクツイスト　　**サイドライイング・トランクツイスト**

スタンディング・ツイストスロー

5 方向転換動作（球技全般）

サイドランジ

アングルドスクワット

6 プッシュ動作

ダンベル・プッシュプレス

メディシンボールプッシュ

7 格闘技における体幹の安定性向上

スタンディング・トランクツイスト（トルソマシン使用）

8 捕球動作（野球、バレーボール、バドミントンなど）

リーチランジ

資料 2 自宅などで特別な器具がなくても実施できる筋力トレーニング

1 体重負荷(自重)を用いた代表的な筋力トレーニング種目

上半身

①プッシュアップ（P140）
使用部位:大胸筋、三角筋、上腕三頭筋

②リバースプッシュアップ
使用部位:大胸筋、三角筋、上腕三頭筋

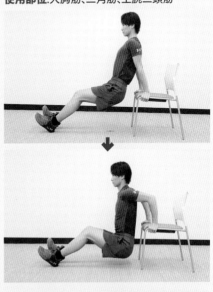

下半身

③スクワット（P169）
使用部位:大腿四頭筋、大臀筋

④ブルガリアンスクワット（P171）
使用部位:大腿四頭筋、大臀筋

⑤フォワードランジ（P173）
使用部位:大腿四頭筋、大臀筋

⑥ヒップリフト（P178）
使用部位:ハムストリング、大臀筋

⑦フロントタッチ
使用部位:ハムストリング、大臀筋、大腿四頭筋

体幹

⑧トランクカール（P185）
使用部位:腹直筋

⑨バックアーチ（P189）
使用部位:脊柱起立筋

2 チューブを用いた代表的な筋力トレーニング種目

上半身

①チェストプレス
使用部位:大胸筋、三角筋、上腕三頭筋

②シーティッドロウ (P145)
使用部位:広背筋

③ラットプルダウン (P148)
使用部位:広背筋

④ショルダープレス (P153)
使用部位:三角筋、上腕三頭筋

⑤サイドレイズ (P154)
使用部位:三角筋

⑥アームカール (P161)
使用部位:上腕二頭筋

⑦キックバック
使用部位:上腕三頭筋

下半身

⑧レッグプレス
使用部位:大腿四頭筋、大臀筋

⑨スクワット(デッドリフト) (P169)
使用部位:大腿四頭筋、大臀筋

⑩スティッフレッグドデッドリフト (P177)
使用部位:ハムストリング、大臀筋

資料2 自宅などで特別な器具がなくても実施できる筋力トレーニング

3 代表的なアイソメトリックトレーニング

●最大の60%程度の力を発揮した状態で10秒程度静止する方法
●各種目1〜2セット実施(セット間休息1分程度)
●「イーチ」「ニー」と自ら声を出して回数を数えることで血圧の過剰な上昇が避けられる

上半身

①パームプッシュ
両手を胸の前で合わせて押す
使用部位:大胸筋

②パームプル
脇を締めて引く
使用部位:広背筋

③サイドレイズ
肘を横に向けて外側に引く
使用部位:三角筋

上半身

④アームカール&プレス
両手を上下に合わせ、下の手の肘は曲げる方向に、上の手の肘は伸ばす方向に力を発揮する
使用部位:上腕二頭筋と上腕三頭筋

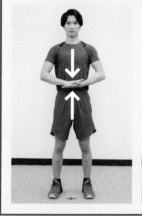

⑤レッグプレス

椅子にすわり、膝を曲げて片足をタオルの中央に
当て、両端を両手で持ちタオルを足で前方に押
す。

使用部位:大腿四頭筋、大臀筋

⑥レッグエクステンション＆カール

椅子にすわり、片足を浮かせて反対側の足のす
ねの上に置き、下の足は膝を伸ばす方向に、上の
足は膝を曲げる方向に力を発揮する

使用部位:大腿四頭筋とハムストリング

⑦シーティッドニープッシュ

椅子に座って背もたれによりか
かり、両手の肘を伸ばして大腿
部の上に固定し、みぞおちをへ
そに近づけるようにして両手で
大腿部を押す

使用部位:腹直筋

⑧スタンディングニープッシュ

片足立ちになり、片側の膝を腰の高さまで上げ、反対側の手で膝
を抑えた姿勢で膝と手の両方で力を発揮し合う

使用部位:外腹斜筋、腹直筋、腸腰筋、大腿直筋

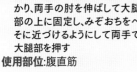

‹INDEX さくいん

204

た行

INDEX さくいん

参考文献 順不同

①アメリカスポーツ医学会編：『運動処方の指針』(原著第 8 版)、南江堂、2011 年

②有賀誠司：『競技スポーツのためのウエイトトレーニング』体育とスポーツ出版社、2001 年

③有賀誠司：『自分でつくる筋力トレーニングプログラム』山海堂、2004 年

④有賀誠司：『ゼロから始める筋トレプログラムの作り方　フィットネス版』山海堂、2005 年

⑤有賀誠司：『筋トレバイブル　小・中・高校生編』ベースボール・マガジン社、2007 年

⑥有賀誠司：『競技スポーツ別ウエイトトレーニングマニュアル』体育とスポーツ出版社、2007 年

⑦石井直方：『レジスタンストレーニング』ブックハウスエイチディ、1999 年

⑧石井直方：『究極のトレーニング』講談社、2007 年

⑨石井直方監修：『筋肉まるわかりバイブル』ベースボール・マガジン社、2007 年

⑩谷本道哉：『筋トレバイブル　アスリート編』ベースボール・マガジン社、2006 年

⑪日本トレーニング指導者協会編：『トレーニング指導者テキスト・理論編』ベースボール・マガジン社、2007 年

⑫日本トレーニング指導者協会編：『トレーニング指導者テキスト・実践編』ベースボール・マガジン社、2007 年

著者
有賀誠司

あるがせいじ / 東海大学健康学部健康マネジメント学科　教授

1962 年、東京都生まれ。1987 年、東海大学大学院修士課程体育学研究科修了。現在、筋力トレーニングの方法や指導に関する研究や教育を行うとともに、国内最大規模の東海大学トレーニングセンターにて、15 団体を超える学内運動部に対するトレーニングの指導・統括を担当。国立スポーツ科学センター客員研究員、日本トレーニング指導者協会副理事長。JATI 認定特別上級トレーニング指導者。

これまでに、全日本柔道連盟の強化選手や、男子バレーボールナショナルチームなど、数多くのトップアスリートのトレーニング指導の実績を持つ。また、一般向けのトレーニングのアドバイスや、運動指導者の養成も手がけている。

競技選手としては、大学時代には陸上競技のやり投げ、大学院時代にはパワーリフティング競技の経験を積んだ後、ボディビル競技に転向し、1991 年と 1993 年のボディビル・アジア選手権で、準優勝の成績を収めた。

主な著書『競技スポーツのためのウエイトトレーニング』体育とスポーツ出版社（2001 年）、『筋トレバイブル　小・中・高校生編』ベースボール・マガジン社（2007 年）、『パワー獲得トレーニング』新星出版社（2007 年）、『競技スポーツ別ウエイトトレーニングマニュアル』体育とスポーツ出版社（2007 年）、『自宅で 30 分でできるダンベルトレーニング』あほうせん（2008 年）、『これなら続く考える筋トレ』岩波書店（2009 年）、『ストレッチ大全』成美堂出版（2010 年）、など

ホームページ　http://www.seiji-aruga.com/

本書にご協力いただいたみなさん

左から
小林寛和
百瀬碧依
南啓太
吉田倭斗

れいわばん き そ まな　　　　　きんりょく
令和版 基礎から学ぶ！ 筋力トレーニング

2020年10月29日 第1版第1刷発行

著　者　　あるがせいじ
　　　　　　有賀誠司

発行人　　池田哲雄
発行所　　株式会社ベースボール・マガジン社
　　　　　　〒103-8482 東京都中央区日本橋浜町2-61-9 TIE浜町ビル
　　　　　　電話03-5643-3930（販売部）
　　　　　　　　03-5643-3885（出版部）
　　　　　　振替口座00180-6-46620
　　　　　　http://www.bbm-japan.com/

印刷・製本　共同印刷株式会社

©Seiji Aruga 2020
Printed in Japan

ISBN978-4-583-11280-0 C2075